Martin Sonnenschein/Arne Börnsen/Tilo Ferrari/Arne Dettki/
Axel Freyberg

Innovative Regulierung

Martin Sonnenschein/Arne Börnsen/Tilo Ferrari/
Arne Dettki/Axel Freyberg

Innovative Regulierung

Chancen für Telekommunikation
und Medien in Deutschland

*Mit einem Beitrag der
Bertelsmann Stiftung*

Bibliografische Information Der Deutschen Bibliothek
Die Deutsche Bibliothek verzeichnet diese Publikation in der Deutschen Nationalbibliografie;
detaillierte bibliografische Daten sind im Internet über <http://dnb.ddb.de> abrufbar.

ISBN-13: 978-3-322-82456-1   e-ISBN-13: 978-3-322-82455-4
DOI: 10.1007/978-3-322-82455-4

1. Auflage Januar 2003

Alle Rechte vorbehalten
© Betriebswirtschaftlicher Verlag Dr. Th. Gabler GmbH, Wiesbaden 2003
Softcover reprint of the hardcover 1st edition 2003

Lektorat: Ulrike M. Vetter

Der Gabler Verlag ist ein Unternehmen der Fachverlagsgruppe BertelsmannSpringer.
www.gabler.de

Das Werk einschließlich aller seiner Teile ist urheberrechtlich geschützt. Jede Verwertung außerhalb der engen Grenzen des Urheberrechtsgesetzes ist ohne Zustimmung des Verlags unzulässig und strafbar. Das gilt insbesondere für Vervielfältigungen, Übersetzungen, Mikroverfilmungen und die Einspeicherung und Verarbeitung in elektronischen Systemen.

Die Wiedergabe von Gebrauchsnamen, Handelsnamen, Warenbezeichnungen usw. in diesem Werk berechtigt auch ohne besondere Kennzeichnung nicht zu der Annahme, dass solche Namen im Sinne der Warenzeichen- und Markenschutz-Gesetzgebung als frei zu betrachten wären und daher von jedermann benutzt werden dürften.

Umschlaggestaltung: Nina Faber de.sign, Wiesbaden

Gedruckt auf säurefreiem und chlorfrei gebleichtem Papier

Vorwort

Die Medienszene ist in Aufruhr. Die Voraussagen viel gelobter Institute über die möglichen Erfolge der „New Economy" waren gewaltig übertrieben. E-Business hat weiterhin eine Chance; aber es geht nicht so schnell und es kommt nicht so viel zusammen. Gleichzeitig stecken wir in der tiefsten Krise der Printmedien seit 1945. Der Springer Verlag und der Süddeutsche Verlag haben Ende 2001 angekündigt, 10 Prozent ihrer Belegschaft einzusparen. Die FAZ hat ihre „Berliner Seiten" eingestellt und denkt ebenso über rigide Kosteneinsparungen nach wie die Neue Zürcher Zeitung. Die Frankfurter Rundschau sieht sich dazu gezwungen, die finanzielle Hilfe der Frankfurter Sparkasse und der Dresdner Bank in Anspruch zu nehmen. Auch dort sind betriebsbedingte Kündigungen unvermeidbar. Alle Zeitungen haben deutliche Einbrüche bei den Rubrikenmärkten (Stellenanzeigen, Immobilien, Automobilmarkt). Die Verlage versuchten, den strukturellen Teil dieser Verluste durch ein Rubrikenportal (Versum) aufzufangen; also diejenigen Kunden, die Stellen, Immobilien oder Automobile per Internet suchten, weiterhin an sich zu binden. Dieses Rubrikenportal wird jetzt liquidiert. Man könnte noch zwanzig weitere solcher Nachrichten aneinander reihen.

Die Telekommunikation ist von dieser Entwicklung nicht ausgespart. Der öffentlich vielfach diskutierte Prozess der Ablösung des Vorstandsvorsitzenden der Deutschen Telekom AG zeigte die Ängste der Shareholder, dass die Internationalisierung misslingen und der Schuldenberg allzu gefährlich werden könnte. Zwar hat es das Unternehmen durch geschicktes Product-Bundling geschafft, seine Vormachtstellung und seinen Vorsprung beim Festnetz zu halten. Ein Marktanteil von mehr als 90 Prozent bei DSL-Anschlüssen zeigt die Situation schlaglichtartig. Der alte Monopolist hat, wie es in diesem Buch an einer Stelle heißt, eine „Lernkurve" absolviert. Andererseits ist das den Ordnungspolitikern natürlich ein Dorn im Auge. Beim GSM-Mobilfunkmarkt sieht es dagegen ganz anders aus. In diesem diversifizierten Markt verfügt kein Wettbewerber über einen Marktanteil über 25 Prozent. Die Ordnungspolitiker (vor allem auch die Ordnungspolitiker in der Europäischen Union) würden am liebsten alle Hebel in Bewegung setzen, um beim Festnetz eine ähnliche Situation zu erzeugen wie beim GSM-Mobilfunk.

Schon dieses Beispiel zeigt, dass eine breite (und für breitere Kreise verständliche) Diskussion über die Regulierung der Telekommunikation und die Wirkungen dieser Regulierung für die Marktchancen der Unternehmen dringlich ist. Denn die öffentliche Debatte ist wirr. War es denn nun gut, in Großbritannien und Deutschland die UMTS-Lizenzen zu verauktionieren, was zu gewaltigen Kosten in den Telekommunikationsunternehmen führte? In Deutschland und im Vereinigten Königreich wurden mehr als 600 Euro pro Einwohner für eine UMTS-Lizenz ausgegeben. Für die Staatskassen war das gut; für die Telekommunikationsunternehmen weniger. Falsch war in jedem Fall die Tatsache, dass die Regulierung nicht EU-weit harmonisiert wurde. Was man zu diesem Thema in der Öffentlichkeit hört, ist aber höchst widersprüchlich.

Ähnliches gilt für den Verkauf des Kabelnetzes der Deutschen Telekom. Klar und eindeutig ist die Tatsache, dass die Entscheidung des Bundeskartellamtes, den Verkauf dieses Kabelnetzes an ein amerikanisches Unternehmen zu unterbinden, ein gewaltiges Loch in die Kasse der Deutschen Telekom AG riss. Aber war diese Entscheidung ordnungspolitisch geboten? Und warum? Auch darüber wird eine eher populistische denn sachgerechte Diskussion geführt. Angesichts der konjunkturellen Gesamtsituation und der besonders krisenhaften Situation in der Medienindustrie ist es sicher hoch problematisch, wenn die sachlichen Grundlagen für eine seriöse Diskussion fehlen.

Das vorliegende Buch liefert einige Grundlagen für solch eine seriöse Diskussion. So macht es klar, warum eine Reform des TKG in Deutschland zwingend ist; zum Beispiel wegen der neuen Rahmenrichtlinie der Europäischen Union. Die Entwicklung des Wettbewerbs wird in exakten Zahlen dargestellt. Im Anschluss daran wird eine Neugestaltung des Ordnungsrahmens durch den Gesetzgeber und die Regulierungsbehörden diskutiert. Dabei werden auf Grund systematischer Gespräche mit allen Marktteilnehmern und den staatlichen Instanzen sehr exakte Vorschläge entwickelt. Kann man einen Wettbewerb im Ortsnetz dadurch erreichen, dass man die Teilnehmeranschlussleitung (TAL) regionalisiert, also ihre Kosten neu berechnet? Soll man die Lizenzvergabepraxis EU-weit harmonisieren und optimieren? Wie wäre es möglich, die Kabelmärkte zu liberalisieren? Und gar: Gibt es eine Chance, die Regulierungsinstanzen in der Bundesrepublik Deutschland, die immer noch zwischen Bund und Ländern zerfallen sind, zu reformieren und die beim Bund ressortierende Regulierungsbehörde mit den Landesmedienanstalten zusammenzulegen?

Das Buch, kein Zweifel, ist Fachkommunikation. Es verlangt eine gewisse Vorinformation. Wer es allerdings liest, kann plötzlich wie mit einer Taschenlampe in alle möglichen Ritzen hineinleuchten, die ihm bisher unzugänglich waren. Die Medienkrise verlangt eine besser aufgeklärte Öffentlichkeit für die Spezialprobleme der Telekommunikationspolitik, die sich durch die Konvergenzprozesse immer mehr zur „Medienpolitik" weiterentwickelt. Bisher verstehen diese Probleme einige Dutzend Leute. Wenn das Buch die richtige Verbreitung findet, könnten einige Tausend Leute diese Probleme verstehen. Das wäre ein gewaltiger Schritt für eine rationalere Medien- und Telekommunikationspolitik in der Bundesrepublik Deutschland. Denn derzeit hat man den Eindruck, dass auf den Entscheidungsebenen der Regierungen selbst kaum jemand versteht, was wirklich vor sich geht. Die Entscheidungen werden auf mittlerer Ebene getroffen, haben aber explosive Folgen für einzelne Märkte, gelegentlich auch für einzelne Unternehmen. Vielleicht könnte man sich spektakuläre Personalpolitik (wie im Fall Ron Sommer) und hilfloses Achselzucken (wie bei der Entscheidung des Kartellamts zum Kabelverkauf der Telekom) sparen, wenn sich mehr Kenntnis der Örtlichkeit verbreitete. Dazu trägt das vorliegende Buch bei.

Peter Glotz

Inhaltsverzeichnis

Vorwort **5**

1. Standort Deutschland: Auf Konvergenz vorbereiten **9**

    1.1   Die Teilmärkte Telekommunikation und Medien 14

    1.2   Aktuelle Lage auf den Telekommunikations- und Medienmärkten 17

    1.3   Regulierung der Telekommunikations- und Medienmärkte 31

    1.4   Deutschlands Chance: Die Kommunikationsgesellschaft 35

2. Regulierungsagenda: Marktchancen eröffnen **40**

    2.1   Nachhaltiger Wettbewerb im Festnetz 45

    2.2   EU-weite Harmonisierung und Optimierung der Lizenzvergabepraxis im Mobilfunk 55

    2.3   Weit reichende Liberalisierung der Kabelmärkte 61

    2.4   Optimierung der Regulierungsinstitution 72

3. Corporate Agenda: Standort Deutschland dynamisch gestalten **75**

    3.1   Konsolidierung im Telekommunikationsmarkt 75

    3.2   Vom Preis- zum Differenzierungswettbewerb im Ortsnetz 83

    3.3   Intelligente Wege zur Medienkommunikation im Kabel 88

    3.4   Mehr Mobilfunkwettbewerb auf alternativen Frequenzen 98

    3.5   Multimediale Ausrichtung der Medienunternehmen 105

    3.6   Portalgestaltung durch Anbieter von Online-Diensten 111

Dr. Thomas Hart (Bertelsmann Stiftung)

4. Public Agenda: Durch „richtige" Regulierung Chancen für die Gesellschaft eröffnen 116

    4.1   Zugehörigkeit und Teilhabe 122

    4.2   Fähigkeit zur Partizipation an gesellschaftlicher Meinungs- und Willensbildung 125

    4.3   Verfügbarkeit vielfältiger und hochwertiger Inhalte 127

Ausblick 131

Danksagung 135

Die Autoren 137

1. Standort Deutschland: Auf Konvergenz vorbereiten

> Nichts ist beständiger als der Wandel. Dieser Befund gilt in besonderem Maße für die elektronischen Medien. Grundlage für ihre Verbreitung ist die Technik. Sie ist in raschem Umbruch und ständigem Wandel begriffen. Auslöser hierfür ist die Digitalisierung. *Albrecht Hesse 2000*

Anpfiff. Am 31.05.2002 stehen sich die Länderteams von Frankreich und Senegal zum Eröffnungsspiel der Fußballweltmeisterschaft 2002 im südkoreanischen Seoul gegenüber. Mit dem Kampf um den goldenen WM-Pokal beginnt auch der sichtbare Kampf um die Gunst der Zuschauer, nachdem dieser schon Monate vor dem Anpfiff zwischen Kirch und den anderen Anbietern ausgetragen wurde.

Nicht nur die Werbewirtschaft hatte zu diesem Zeitpunkt längst Millionenbeträge investiert, um ihre Werbebotschaften dem deutschen Fußballvolk zu präsentieren. Auch Netzbetreiber, Rundfunkanstalten, private TV-Sender und Mobilfunkunternehmen haben versucht, sich mit dem Kauf von Übertragungsrechten eine Scheibe vom lukrativen Geschäft um das runde Leder abzuschneiden.

Doch damit nicht genug. Wirklich neu und ungewohnt an der Fußballweltmeisterschaft 2002 war nicht nur der Einzug der deutschen Mannschaft ins Endspiel, sondern auch die multimediale Verwertung der Inhalte, also der Spiele in allen Details und unter allen Aspekten. Fiel beispielsweise ein Tor für die deutsche Mannschaft, so klingelten Millionen deutscher Mobiltelefone und per SMS wurde die neueste Entwicklung gesendet.

Die meisten Mobilfunknetzbetreiber, wie T-Mobile, Internet-Portale wie Yahoo oder Lycos, und Online-Dienste wie AOL, boten zur Weltmeisterschaft kostenpflichtige SMS-Dienste für die Sofortbenachrichtigung bei Änderung des Spielstands an. Interessierten Fußballfans, die das aktuelle Spiel nicht im Fernsehen oder im Radio verfolgen konnten, bot sich das Internet an. Hier riefen sich viele – auch am Arbeitsplatz – regelmäßig die neuesten Informationen zum Spielstand ab. Entsprechend verzeichnete der Deutsche Fußball Bund (DFB) im Monat Juni 2002 einen Anstieg der Seitenaufrufe von 10,62 Millionen auf über 50 Millionen. Beim Spiel „Deutschland gegen Kamerun" wurden z. B. allein über Kicker-Online 4,8 Mio. Zugriffe registriert und damit etwa viermal so viel Zugriffe wie in einem normalen (Fußball-)Monat verzeichnet. Die Begeisterung der Deutschen für Fußball und für die Nutzung neuer (Medien-)Technologien ist also nach wie vor groß – ein Umstand, der Deutschland in der Vergangenheit die im internationalen Vergleich höchsten Akzeptanzzahlen bei Internet-, Mobil- und Multimedia-Nutzung beschert hat.

Mit dem Spiel auf dem grünen Rasen verstärkte sich das Spiel der Marktwirtschaft in der Telekommunikation und den Medien. Dieses Spiel wurde nicht nur durch das Angebot innovativer Informationsdienste bestimmt, z. B. des Live-Tickers im Internet, sondern auch durch das Angebot alternativer Kommunikationsnetze, z. B. des Mobilfunks. Die Erfolge von Live-Ticker und Spielstand-SMS sind gute Beispiele für das Zusammenwachsen von Inhalten und Diensten sowie für die mehrwertige Nutzung der zu Grunde liegenden Kommunikationsnetze. Sie belegen, dass es Anbietern durchaus gelingen kann, mit innovativen Leistungen auch „unschlagbare" Medien, wie TV und Hörfunk, herauszufordern.

Die WM 2002 war einer der ersten Höhepunkte der Entwicklung hin zur übergreifenden Nutzung und Distribution von Medien-Inhalten über Fest-, Mobil- und Kabelnetze, die allgemein als Konvergenz bezeichnet wird. Die multimediale Auswertung der Weltmeisterschaft ist darüber hinaus ein gelungenes Beispiel für das freie Spiel der marktwirtschaftlichen Kräfte: Ein innovatives und nachfragegerechtes Angebot entscheidet über die Gunst der Verbraucher.

Die Trendforscher diskutieren das Thema Konvergenz schon seit einigen Jahren und die Verbraucher warten seitdem darauf, endlich zu bekommen, was die Hersteller von Multimedia-Endgeräten, Medienunternehmen und andere Marktteilnehmer voller Überzeugung als die konvergierende Multimedia-Welt von morgen anpreisen. Als Beispiel werden gerne die ersten Bildtelefone genannt, für die bis heute niemand bereit war, Geld auszugeben, die uns die Hersteller jedoch als erstes Produkt einer neuen Kommunikationsära vorstellten. Hier und in anderen Fällen sind die auf diese Weise hoch geschraubten Erwartungen der Konsumenten und der Investoren gerade in jüngster Zeit immer wieder enttäuscht worden. Welcher Aktionär erinnert sich nicht an den dramatischen Kurseinbruch der Met@box-Aktien: Das Papier fiel von über 30 Euro im September 2001 auf ein Kursniveau von unter einem Euro neun Monate später. Versprochen wurde hier die Multimedia-Revolution im Wohnzimmer mit interaktivem Fernsehen und schnellem Internet-Surfen mit eigens dafür geschaffenen Settop-Boxen. Geliefert wurde aber nur zögerlich und nicht in den ursprünglich prognostizierten Stückzahlen. Die Revolution fand bislang nicht statt. Met@box und Bildtelefone sind Beispiele für konvergente Produkte, von denen man sich in Deutschland auf Grund der Werbung viel versprochen hat, die aber nicht die notwendige Marktnachfrage erzeugen konnten.

Als Abkehr des doch durchaus telekommunikations- und medienaffinen Deutschland vom globalen Trend zur Konvergenz sind diese Entwicklungen sicherlich nicht zu werten. Aber die Situation wirft viele Fragen auf: Woran liegt es, dass in Deutschland kein interaktives Fernsehen verfügbar ist, während sich in Großbritannien die Pay-per-View-Angebote zunehmender Beliebtheit erfreuen? Warum ist schnelles Internet-Surfen zum monatlichen Pauschalpreis in diesem Land nur über DSL und nicht auch mit einem analogen Wählanschluss wie in den USA möglich? Warum haben es Mobilfunkbetreiber, Inhalte-Anbieter und Geräthersteller in Europa nicht geschafft, den mobilen textbasierten WAP-Dienst erfolgreich auf den Markt zu bringen – ganz im Gegensatz zu Japan, wo die Einführung des vergleichbaren mobilen Multimediadienstes i-mode zur beispiellosen Erfolgsgeschichte wurde? Die Liste der Leistungsdefizite und gescheiterten Konvergenzprojekte am Standort Deutschland ließe sich mühelos fortsetzen.

Doch es gibt auch immer wieder Überraschungserfolge. Dazu gehört vor allem die Verbreitung des Mobilfunks in Deutschland: Die ursprünglichen Business-Pläne der Anbieter sahen vor, dass 20 bis 25 Prozent der Bevölkerung bis 2002 ein Mobiltelefon nutzen würden. Heute sind es schon 54 Mio. Mobilfunk-Nutzer, also weit mehr als 50 Prozent der deutschen Bevölkerung. Auch die intensive Nutzung der SMS-Dienste war nicht vorhersehbar. Schließlich ist das Internet per se eine „konvergente Überraschung".

Wer entscheidet nun über Erfolg oder Misserfolg eines Konvergenzdienstes? Das Lehrbuch hat dafür eine klare Antwort: Der Markt entscheidet, also Angebot und Nachfrage. Doch ganz so einfach sieht die Praxis nicht aus. Die Unternehmen der Telekommunikations- und Medienindustrie agieren in Deutschland in einem engen Korsett sektorspezifischer Auflagen der Ordnungspolitik, die auf Bundesebene von der Regulierungsbehörde (RegTP) und auf Länderebene von den Landesmedienanstalten (LMA) operativ umgesetzt werden.

Das Beispiel Wireless Local Loop (WLL) illustriert, dass teilweise konsequent am Markt vorbeireguliert wurde: Im Herbst 1998 hat die RegTP erste Lizenzen, im Herbst 1999 weitere für den Betrieb von drahtlosen (wireless) Funkverbindungen erteilt, die Privatkunden sowie Klein- und Mittelstandsunternehmen eine Alternative zum bestehenden festnetzbasierten Daten- und Sprachanschluss der Deutschen Telekom ermöglichen sollten.

Tatsächlich aber haben u. a. die Lizenzauflagen der Regulierungsbehörde zu einer signifikanten Verteuerung der zum Infrastrukturaufbau notwendigen Hardware geführt, sodass die WLL-Anbieter nicht in der Lage waren, konkurrenzfähige Angebote zum Festnetzangebot der Deutschen Telekom zu entwickeln. Inzwischen haben sich fast alle WLL-Anbieter wieder aus dem Markt zurückgezogen – und so bleibt die Deutsche Telekom das einzige Unternehmen, das heute flächendeckend einen infrastrukturbasierten Netzanschluss zwischen Teilnehmerhaushalt und dem nächsten Netzknoten (local loop), der so genannten Ortsvermittlungsstelle, anbieten kann.

Auf dem Spielfeld der Telekommunikations- und Medienmärkte entscheiden also nicht nur die Anbieter und die Verbraucher über Erfolg und Misserfolg, sondern auch der Regulierer. Ihm obliegt als ausführendem Organ eine Art „Schiedsrichterfunktion" über die Einhaltung der sektorspezifischen Regulierungsgesetze und -verordnungen. Für den Konvergenzmarkt gibt es allerdings noch keine sektorübergreifende Regulierung und damit auch keine Spielregeln. Da die Telekommunikations- und Medienmärkte nun aber in ständiger Bewegung hin zu einem konvergenten Kommunikationsmarkt sind, treffen die „Mannschaften" der beiden Märkte in wechselnden Teams im „Konvergenzmatch" zusammen und spielen gegeneinander. Aber jede Mannschaft befolgt ihre eigenen Regeln. Damit ist das Chaos programmiert und selbst der unerfahrenste Gelegenheitsfußballer erkennt, dass dies zu Ineffizienzen führt, über die sich alle Beteiligten zu Recht ärgern. Letztlich rückt damit das Ziel, einen sportlichen Wettbewerb mit klaren Regeln auszutragen, in weite Ferne.

Diese Entwicklung ist nicht zwangsläufig. Wenn die Ordnungspolitik ihren Einfluss geltend macht und für die konvergente Welt der Telekommunikations- und Medienmärkte Lösungen bereitstellt, um die „Konvergenzteams" nach einheitlichen Wettbewerbsregeln aufeinander treffen zu lassen, dann bestehen gute Chancen für den Konvergenzmarkt. Die Europäische Kommission hat den Handlungsbedarf erkannt und in einem Richtlinienentwurf erstmals die Eckpunkte eines „gemeinsamen Rechtsrahmens für elektronische Kommunikationsnetze und -dienste" festgelegt, die der Verschmelzung von Telekommunikation und Medien Rechnung tragen soll.

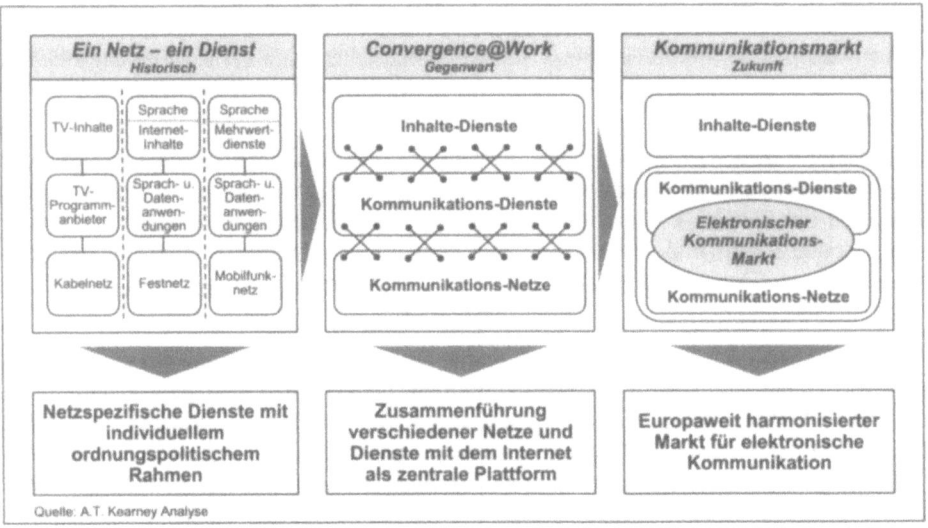

Abbildung 1:   Konvergenz der Medien- und Telekommunikationsnetze und -dienste hin zum Kommunikationsmarkt Europa

Die Europäische Kommission identifiziert auf den elektronischen Kommunikationsmärkten drei horizontale Ebenen, die den Marktteilnehmern als Orientierungsrahmen dienen:

Elektronische Kommunikationsnetze: Das sind Übertragungssysteme für die Vermittlung von elektrischen Signalen über funkgestützte, optische und andere elektromagnetische Leitungsträger. Diese umfassen Satellitennetze, feste und mobile terrestrische Netze, Stromleitungen, soweit zur Signalübertragung genutzt, sowie Netze für Hör- und Fernsehfunk, aber auch Kabelfernsehnetze, unabhängig von der Art der übertragenen Informationen.

Elektronische Kommunikationsdienste: Das sind gewöhnlich gegen Entgelt erbrachte Dienste, die ganz oder überwiegend in der Übertragung von Signalen über elektronische

Kommunikationsnetze bestehen einschließlich Telekommunikations- und Übertragungsdienste in Rundfunknetzen.

Dienste, die *Inhalte* über elektronische Kommunikationsnetze und -dienste anbieten oder eine redaktionelle Kontrolle über sie ausüben.

Die Rahmenrichtlinie erfasst dabei zwei der Ebenen und zieht ordnungspolitisch einen Trennungsstrich zwischen den Inhalte-Diensten und den elektronischen Kommunikationsnetzen- und -diensten. Für die Inhalte-Dienste sind andere ordnungspolitische Vorgaben zu berücksichtigen, so beispielsweise die Gewährleistung des Pluralismus der Medien, der kulturellen Vielfalt und des Verbraucherschutzes.

Die EU-Rahmenrichtlinie ist ein wichtiger Schritt hin zur EU-weiten Harmonisierung der Spielregeln für alle Teilnehmer der Telekommunikations- und Medienmärkte, aber sie ist nicht der ganze Weg. Zunächst müssen in Deutschland auf Bundes- und Landesebene die ordnungspolitischen Voraussetzungen für ein Zusammenwachsen dieser Märkte geschaffen werden. Gelingt dies nicht, gerät der Telekommunikations- und Medienstandort Deutschland in Gefahr, seinen bereits gewonnenen Vorsprung im europäischen und im globalen Kontext zu verlieren und manövriert sich selbst ins Abseits der Globalisierung.

Deutschland braucht also einen grundlegenden Paradigmenwechsel der Telekommunikations- und Medienpolitik, der dem steten Zusammenwachsen der Telekommunikations- und Medienmärkte Rechnung trägt und das Land auf die veränderten Spielbedingungen im globalen „Konvergenzmatch" vorbereitet. Die anstehende Neufassung des Telekommunikationsgesetzes im Jahr 2003 bietet den idealen Rahmen, um den ordnungspolitischen Handlungsbedarf in konkrete Regulierungsmaßnahmen zu übersetzen. Dabei gilt es nicht, *mehr* Regulierung zu schaffen, sondern die *richtige* Regulierung festzulegen. Dieser Kunstgriff ist nicht einfach, und der entsprechende Handlungsbedarf muss für jeden der Teilmärkte getrennt untersucht und bewertet werden. Voraussetzung hierfür ist jedoch ein tief greifendes Verständnis der aktuellen Marktsituation und der bestehenden Regulierung.

1.1 Die Teilmärkte Telekommunikation und Medien

„Früher war die Welt noch in Ordnung", so jedenfalls scheint es in der Nachschau. Man konnte sicher sein, dass drin war, was drauf stand: Klingelte das Telefon, meldete sich eine Person und nicht ein Fax- oder Modemgerät. Ging man zum Kiosk, so gab es Zeitungen und Zeitschriften zu kaufen, aber bestimmt keine Pre-Paid-Karten für Mobiltelefone. Anfang der 80er Jahre kam Bewegung in die Situation, als sich der Elektroinstallateur um die Ecke plötzlich als Kabeldienste-Anbieter offenbarte und das heimische TV-Gerät ans Kabelnetz angeschlossen wurde. Damit brach auch im eigenen Haushalt – jetzt mit mehr als 30 Fernsehkanälen ausgerüstet – das Informationszeitalter an. Spätestens mit der breiten Akzeptanz des Internet seit Mitte der 90er Jahre wurde aus der Bewegung ein Sturm: Plötzlich war der einzige Hausanschluss dauerbelegt, weil der Nachwuchs noch schnell die Hausaufgaben von seinem Mitschüler per E-Mail auf den heimischen Computer laden musste. Die Eltern waren tief beeindruckt von den Computerkünsten ihrer Kinder und schlossen eilends einen Mobilfunkvertrag ab, um für Freunde und Verwandte trotz Internet-Dauerbelegung noch erreichbar zu sein.

Galt noch vor Jahren: „Ein Netz – ein Dienst", so gilt heute die Tanzstundenregel: „Jeder mit jedem", denn der technische Fortschritt erlaubt heute die universelle Verwendung von Netzen und Diensten.

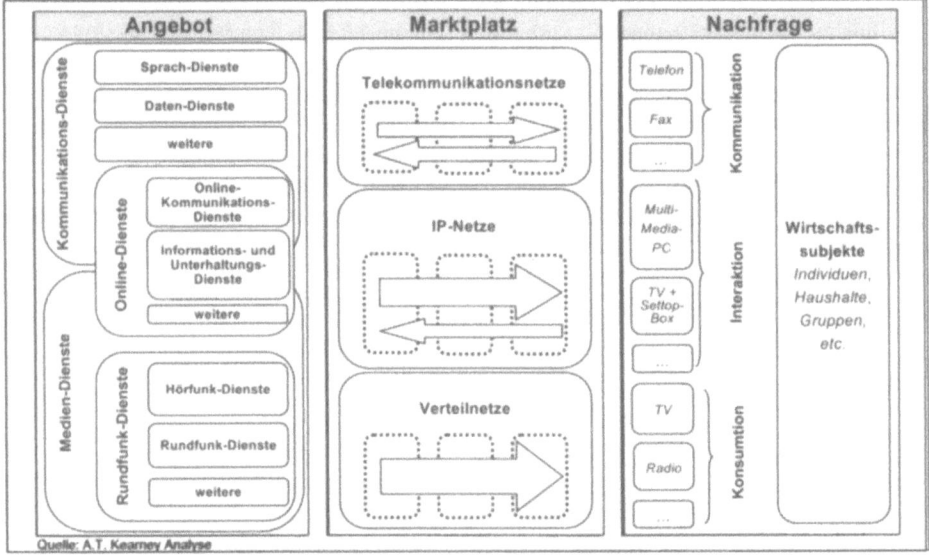

Abbildung 2: Kommunikationsnetze sind Marktplätze, auf denen sich Angebot und Nachfrage treffen

Auf diesem Weg zum universellen Massenmarkt austauschbarer Dienste und Netze kommt dem Computer eine Sonderrolle zu, denn er entwickelt sich zum konvergenten Alleskönner. Der Home-PC ist mittlerweile zuständig für den Download und das Abspielen von Musik, die Wiedergabe eines Films auf DVD, den Empfang eines Faxes und das Verschicken von E-Mails. Um ihn herum reiht sich eine Vielzahl von Endgeräten, die je nach Bestimmungszweck einen Teil der Aufgaben übernehmen können. So gibt es portable MP3-Player, die es erlauben, Musik-Downloads aus dem Internet unterwegs anzuhören. Es gibt Settop-Boxen, die das Fernsehgerät zur Internet-Surfstation aufwerten und es gibt Mobilfunkgeräte mit Multimedia-Messaging, also der Möglichkeit, Bilder aufzunehmen und sie als Grußkarte über das Mobilfunknetz an Freunde und Bekannte zu verschicken.

Das „Schmiermittel" dieser multifunktionalen Endgeräte, Netze und Dienste ist die Digitalisierung. Seit sich Bilder, Texte, Filme, ja selbst die menschliche Stimme in so genannten Bitströmen, also mit Hilfe einer eindeutigen binären Kombination darstellen lassen, ist es auch möglich, sie über beliebige Netze zu transportieren, in den entsprechenden Endgeräten zu verarbeiten und je nach Dienste-Ausprägung flexibel zu nutzen. Voraussetzung für die flexible Kombination ist einzig die entsprechende Leistungsfähigkeit der Transportnetze, auf Grund derer die Flut der Datenströme effizient weitergeleitet wird. Nicht jedes Netz ist dabei gleich ausgestattet und eignet sich durch seine physikalischen Eigenschaften oder technischen Ausbaumerkmale gleich gut für die Datenübertragung – ein Umstand, der für die Regulierungsagenda von Bedeutung ist, wie wir später zeigen werden.

Aus ökonomischer Sicht kommt den Netzen die Bedeutung eines Marktplatzes zu, auf dem sich Angebot und Nachfrage treffen. Aus technischer Sicht ist ein Netz ein Distributionskanal oder Transportmedium, das Dienste-Angebote und Suchanfragen zusammenführt. Im einfachsten Fall handelt es sich um die Vermittlung eines Telefongespräches mit der gewählten Telefonnummer als Nachfrage und dem Angebot des Empfängers, mit dem Abheben des Telefonhörers das Gespräch anzunehmen. Voraussetzung für die Nutzung elektronischer Dienste ist der Zugriff auf ein entsprechendes Endgerät und das passende Netz. So kann nur derjenige mobil telefonieren, der über ein Mobiltelefon verfügt und einen Vertrag mit einem Mobilfunkbetreiber zur Nutzung seines Mobilfunknetzes abgeschlossen hat. Eine E-Mail kann nur der empfangen, der einen Online-Anschluss hat und über einen Computer mit E-Mail-Software verfügt. Anbieterseitig ist also ein Netzzugang die zentrale Voraussetzung für die Teilnahme am ökonomischen Austauschprozess. Wird beispielsweise das Programmangebot eines Rundfunkanbieters nicht ins Kabelnetz eingespeist, bietet sich ihm keine Chance, sein Dienste-Angebot einem potenziellen Kunden anzubieten. Damit bleibt dieser Anbieter vom Markt ausgeschlossen.

Im Telekommunikations- und Medienmarkt sind jeweils drei verschiedene Grundtypen von Netzen zu unterscheiden: Telekommunikations-, IP- und Verteilnetze.

Zu den Telekommunikationsnetzen zählen beispielsweise das ISDN-Netz und das Mobilfunknetz. Beide sind ausgelegt, in Sende- und Empfangsrichtung Sprache und Daten mit der gleichen Übertragungskapazität zu vermitteln.

Das IP-Netz bildet den Überbegriff für das Internet. Es basiert auf dem Internet Protocol (IP), dem technischen Standard zur paketvermittelten Datenübertragung. Weitere IP-Netze sind Intranets (i. d. R. Firmennetze) sowie Extranets (Erweiterungen der Intranets), die nur für bestimmte Nutzergruppen (z. B. Lieferanten oder Kunden) zugänglich sind.

Unter dem Begriff „Verteilnetz" werden Netze zur uni-direktionalen Verteilung, also ausschließlich der Verteilung vom Sender zum Empfänger, zusammengefasst. Beispiele für Verteilnetze sind das Kabelnetz, das terrestrische Sendernetz und die Satellitenverteilnetze zur TV-Übertragung.

Darüber hinaus gibt es weitere Netze, die sich grundsätzlich für den bidirektionalen Transport von Medien- und Telekommunikationsdiensten eignen würden, jedoch derzeit nur in Pilotprojekten genutzt werden. Dazu gehört u. a. das Stromnetz, dessen kommerzielle Nutzung zum Datentransport sich auf Grund technischer Probleme immer wieder verzögert hat und sich derzeit – bis auf Insellösungen – noch nicht als marktfähige Alternative erwiesen hat.

Auf der Seite der Nachfrager lassen sich drei Grundbedürfnisse identifizieren, die für die Nutzung von Telekommunikations- und Mediendiensten ausschlaggebend sind:

- der Wunsch zu kommunizieren, also in einen sprach-, text- oder bildbasierten Dialog mit einem Kommunikationspartner oder einer Gruppe von Kommunikationspartnern zu treten,
- der Wunsch, durch geeignete Interaktion auf einem Informationsmedium zielgerichtet Informationen zu finden und aufzunehmen,
- der Wunsch nach Unterhaltung durch Dienste, bei denen der passive Konsum des Dienste-Angebotes (z. B. Musik oder Filme) im Vordergrund steht, es also bis auf die Dienste-Auswahl zu keiner Interaktion zwischen Anbieter und Nachfrager kommt.

Aus der Perspektive der Anbieter sind auf den Telekommunikations- und Medienmärkten die Rundfunkdienste, Online-Dienste und Kommunikationsdienste zu unterscheiden. Den Online-Diensten kommt dabei eine Zwitterstellung zu. Kommunikationsdienste wie Chat-Räume erlauben einen textbasierten Dialog zwischen einer Gruppe von Menschen in Echtzeit. Informationen und Unterhaltung bieten zum Beispiel das Internet-Portal Yahoo oder der Video-on-Demand-Dienst Speedmovie des Hamburger Stadtnetzbetreibers Hansenet. Unter Rundfunkdiensten werden Fernsehdienste wie die öffentlich-rechtlichen Programme, das PayTV-Angebot des Privatsenders Premiere World und auch Hörfunkdienste – also lokale, regionale oder überregionale Radiosender – zusammengefasst.

Darüber hinaus bieten die Medienmärkte Produkte oder Dienste an, die nicht primär auf elektronischem Wege vertrieben werden: Dazu gehören der Zeitungs- und Zeitschriftenmarkt, CD- und DVD-Vertrieb sowie der Betrieb von Filmtheatern (Kinos). Diese Teilmärkte unterliegen einer besonderen Dynamik mit teilweise sehr unterschiedlichen Charakteristika und sind daher in diesem Buch von der Analyse des ordnungspolitischen Reformbedarfs ausgeklammert.

1.2 Aktuelle Lage auf den Telekommunikations- und Medienmärkten

2001 wurden in Deutschland im Medien- und Telekommunikationsumfeld 78 Mrd. Euro umgesetzt – mehr als auf irgendeinem anderen Medien- und Telekommunikationsmarkt in Europa. Und trotzdem geht es den deutschen Medien- und Telekommunikationsunternehmen in diesem Jahr nicht gut. Die Deutsche Telekom muss sich angesichts eines Schuldenberges von über 68 Mio. Euro anscheinend mit den Themen Kostenreduktion und Schuldenabbau befassen. Die KirchGruppe kann ihren Zahlungsverpflichtungen nicht mehr nachkommen und musste in Teilen Insolvenz anmelden. In anderen Unternehmen, wie der Kinowelt Medien AG, wagten die Manager der ersten und zweiten Reihe einen Management-Buy-out, um zu retten, was noch zu retten ist. Die Marktkapitalisierung der zehn größten europäischen Telekommunikationsunternehmen sank und musste innerhalb eines Jahres einen Wertverlust um mehr als 33 Prozent hinnehmen. Der DJ Euro Stoxx Media Index fiel seit Jahresanfang 2001 um 52 Prozent (Stand Juni 2002).

Stehen wir also vor dem Zusammenbruch dieser Märkte und müssen Verlage, Festnetzbetreiber und Mobilfunkbetreiber überall in der Republik bald schließen? Brauchen wir demnächst einen Medienpfennig zur Existenzsicherung unserer Verlage oder einen Solidarbeitrag für überschuldete Telekommunikationsunternehmen? Oder stehen wir am Anfang eines Strukturwandels, der uns zu ganz neuen medialen Lebensqualitäten führt? Beide Fragen haben ihre Berechtigung. Doch sicherlich wird das Informationszeitalter eine Daseinsberechtigung für Telekommunikations- und Medienunternehmen bereithalten. Möglicherweise nur anders, als die Marktspieler dieses derzeit erwarten.

Telekommunikation ist auf jeden Fall kein Selbstläufer mehr. Der Besitz von Medien-Inhalten (Content), wie Fußballübertragungsrechte, schützt nicht vor schlechtem Management, und hochfliegende Träume zukünftiger interaktiver TV-Welten zerplatzen spätestens bei der Überprüfung der Zahlungsbereitschaft der Kunden und der technischen Realisierbarkeit der Projekte.

So hat es auch in den Vorstandsetagen Ernüchterung gegeben. Von Champagner-Stimmung verbunden mit überschäumenden Bewertungen neuartiger Geschäftsmodelle der New Economy kann nicht mehr die Rede sein. Die neue Stimmung hat mit der Konjunkturschwankung zu tun, aber nicht ausschließlich mit ihr. Ein ganz neuer Markt entsteht und es gilt, sich grundsätzlich mit der Frage auseinander zu setzen, ob Deutschland dafür ein geeigneter Standort sein oder werden kann. Groß ist die Gefahr feindlicher Übernahmen durch ausländische Kapitaleigner wie im Fall Vodafone. Groß ist aber auch die Gefahr einer durch Großbanken und Lokalpolitik infiltrierten, für das Unternehmen im Endeffekt schädlichen Kreditvergabepraxis wie im Fall Kirch.

Die Ordnungspolitik muss deshalb zwischen dem freien Spiel der Marktwirtschaft als dem einen Extrem und der staatlichen Subventionsförderung als dem anderen Extrem das *richtige* Maß an Regulierung finden. Politik, Unternehmen und die interessierte Öffentlichkeit sollten in einen konstruktiven Dialog eintreten und gemeinsam einen Rahmen definieren, der zur Sicherung und Stärkung des Medien- und Telekommunikationsstandorts Deutschland beiträgt. Für die Unternehmen ist es außerdem empfehlenswert, sich rechtzeitig auf die neuen Rahmenbedingungen einzustellen und die möglichen Entwicklungsszenarien zum Top-Thema ihrer Strategiediskussionen zu machen.

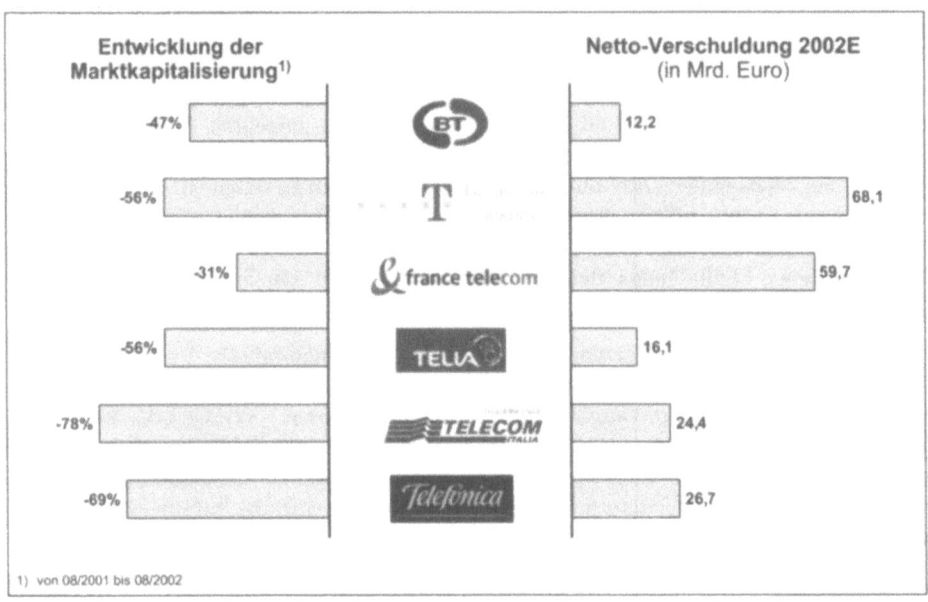

Abbildung 3:   *"Value Gap": Die Nettoverschuldung der nationalen Marktführer wächst, während ihre Marktkapitalisierung abnimmt*

Potenzial der Telekommunikations- und Medienmärkte

In jedem Monat gibt der bundesdeutsche Durchschnittshaushalt für Medien und Telekommunikationsdienste etwa 107 Euro aus. Zwar ist dies im Vergleich zu anderen Budgetpositionen, wie Miete und Möbel (834 Euro), vergleichsweise niedrig, aber der Anteil der Ausgaben für Telekommunikation und Medien am Gesamthaushaltsbudget wächst überdurchschnittlich. So werden den beiden Bereichen Telekommunikation und Medien bis 2006 hohe jährliche Zuwachsraten von 3,7 Prozent p. a. Vergleicht man die Zuwachsraten des Telekommunikations- und Medienbudgets mit dem Zuwachsdurchschnitt aller Haushaltspositionen, so sind diese fast zweimal so hoch.

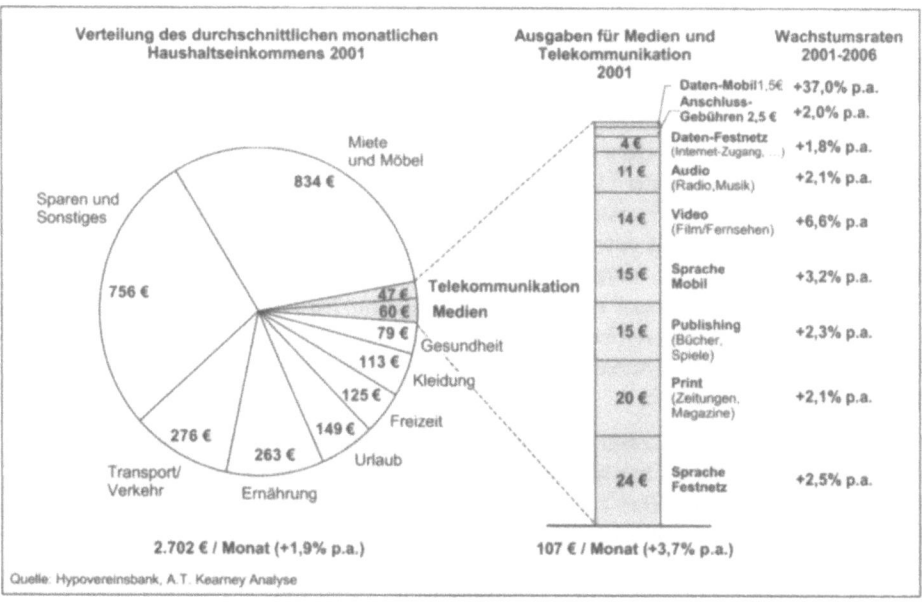

Abbildung 4: Das deutsche Budget für Telekommunikation und Medien wird maßgeblich für Festnetztelefonie und Print-Produkte ausgegeben

In den elektronischen Medienmärkten gibt es grundsätzlich drei unterschiedliche Geschäftsmodelle:

- Den Löwenanteil erwirtschaften die werbefinanzierten Medienmärkte, wie das Privatfernsehen, und zum Teil der öffentlich-rechtliche Rundfunk, die beide im vergangenen Jahr Nettowerbeeinnahmen von 4,4 Mrd. Euro verbuchen konnten, sowie das Internet mit Gesamtwerbeeinnahmen von 185 Mio. Euro

- Weitere Umsätze entstehen aus subskriptionsbasierten Einnahmen. Dies sind regelmäßig wiederkehrende Zahlungen wie die gesetzlich vorgeschriebenen Rundfunkgebühren (Gesamtumsatz ca. 6,8 Mrd. Euro) und die PayTV-Umsätze, die sich im vergangenen Jahr auf ca. 0,8 Mrd. Euro belaufen haben.

- Die dritte Umsatzquelle der elektronischen Medienmärkte bildet der Mengenverkauf, also der stückweise Absatz von Produkten oder Dienstleistungen gegen Bezahlung. Darunter fallen beispielsweise die Pay-per-View-Angebote von Kabelnetzbetreibern, der Aufruf kostenpflichtiger Seiten im Internet oder der Abruf von kostenpflichtigen Premium-SMS-Diensten. Trotz der vergleichsweise niedrigen Umsätze, die dieses Geschäftsmodell aktuell aufweist, sind die an das Modell geknüpften Erwartungen im UMTS-gestützten Mobilfunk sehr hoch – erst mit dieser neuen Übertragungstechnik kann das Modell sein Potenzial voll entfalten.

Bisher wurde der deutsche Medienmarkt weitgehend von deutschen Unternehmen beherrscht. Dazu zählt allen voran die Bertelsmann AG, die durch ihre Beteiligungen an der RTL-Gruppe einer der zwei dominanten Spieler im Privatfernsehmarkt ist. Der andere Spieler, die weit verzweigte KirchGruppe mit ihrem PayTV-Sender Premiere World, befindet sich derzeit in einer Umstrukturierungsphase, bedingt durch Insolvenzen wichtiger Unternehmensteile. Es ist zu erwarten, dass global agierende Medienunternehmen kurzfristig durch den Kauf oder die Aufstockung von Anteilspaketen an Unternehmsteilen der KirchGruppe eine wesentlich stärkere Stellung im deutschen Medienmarkt einnehmen werden. Allen voran ist mit dem Einzug von News Corp. unter Führung von Rupert Murdoch und Liberty Media unter der Führung von John C. Malone zu rechnen. Generell gilt: Durch den Umbau der KirchGruppe werden die Karten im deutschen Medien-Business neu gemischt.

Der deutsche Markt für Telekommunikation ist mit einem für 2004 geschätzten Volumen von 56,3 Mrd. Euro in etwa doppelt so groß wie der Medienmarkt und damit die Nummer Eins in Europa. Der Telekommunikationsstandort Deutschland behauptet einen Weltmarktanteil von 5,6 Prozent und ist der drittgrößte Einzelmarkt hinter den USA (25 Prozent) und Japan (12 Prozent). Auf Basis der Gesamtmarktzahlen liefert sich Deutschland ein Kopf-an-Kopf-Rennen mit Großbritannien (7 Prozent Differenz), gefolgt von Frankreich (35 Prozent Differenz) und Italien (32 Prozent Differenz).

Der deutsche Telekommunikationsmarkt ist vor allem von der Deutschen Telekom geprägt. Sie ist der wichtigste Infrastruktur-, Netze- und Dienste-Betreiber in Deutschland. Die Deutsche Telekom betreut mehr als 1,5 Mrd. km Kupfer- und Glasfaserstrecken, betreibt das terrestrische Fernsehnetz (TV-Broadcast), den überwiegenden Teil des TV-Kabelnetzes und mehrere Funknetze, darunter auch ein GSM-Netz für mobile Sprachkommunikation. Sie unterhält über 134 Mio. Endkundenbeziehungen, mehr als die Hälfte davon in Deutschland. Die Wettbewerber der Deutschen Telekom kommen aus unterschiedlichen Kern- und Teilmärkten. So ist Vodafone D2 der Herausforderer im Mobilfunk mit einer ähnlichen Anzahl an Mobilfunkkunden. Im Festnetzmarkt gilt Arcor als wirklich ernst zu nehmender Wettbewerber mit einem eigenen Festleitungsnetz von mehr als 50.000 km und ISDN- und DSL-Anschlussmöglichkeiten in über 140 Städten Deutschlands. Darüber hinaus gibt es zahlreiche Betreiber von Stadt- und Regionalnetzen wie EWETel und Colt Telecom, ein Unternehmen, das in acht deutschen Städten aktiv ist und in ausgewählten Citylagen u. a. glasfaserbasierte Standleitungen anbietet.

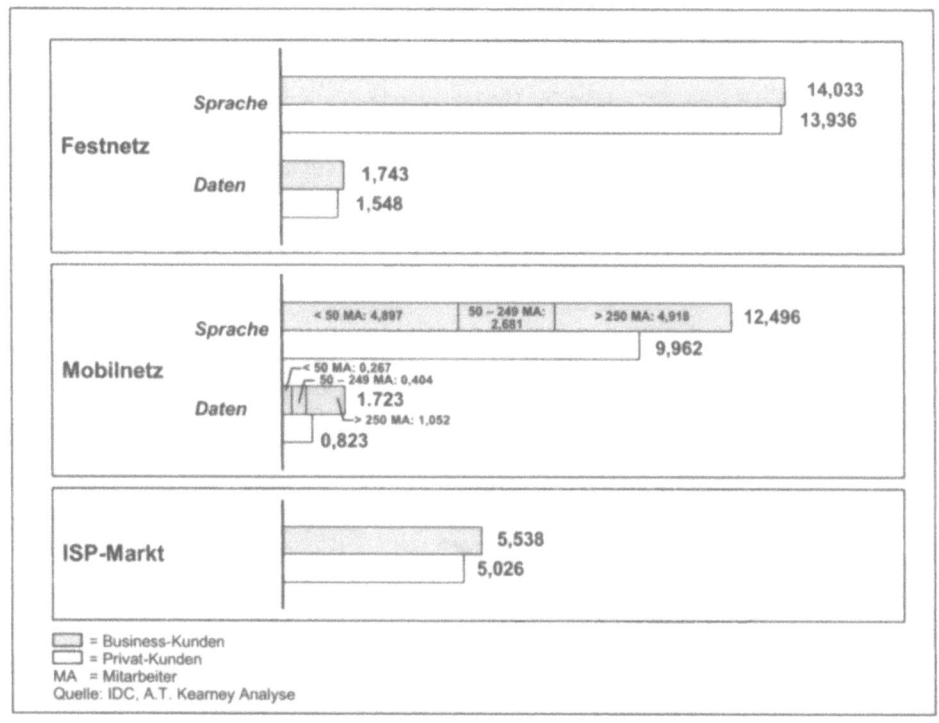

Abbildung 5: Umsatz-Forecast für Privat- und Business-Kunden in 2004 in Deutschland (Mrd. Euro)

Im Geschäfts- und Privatkundenmarkt halten sich die Umsatzanteile in etwa die Waage. Dies gilt für den Festnetz- und für den ISP-Markt. Lediglich im Markt für mobile Sprach- und Datenkommunikation kommt es zu einer signifikanten Differenz von 12 Prozent (Sprache) bzw. 45 Prozent (Daten) zwischen privat- und geschäftlich initiierten Verbindungen. Der Geschäftskundenmarkt zeichnet sich vor allem im Festnetzmarkt durch eine flexiblere Gestaltung bei der Bereitstellung der Dienste und der dazu notwendigen Netztechnologie aus. So ist das Sprach- und Datenaufkommen, das Unternehmen über entsprechende Netzleitungen abwickeln, höher und rechtfertigt die Schaltung einer Datendirektverbindung (Standleitung) zum Kunden. Auch basieren die Verträge mit Geschäftskunden in der Regel auf längeren Vertragslaufzeiten als bei Privatkunden und rechtfertigten so den Einsatz von Hardware zur Netztechnik, die speziell auf die Bedürfnisse des Kunden abgestimmt ist.

Im Festnetzmarkt gibt es im Geschäftskundensegment sowohl Anbieter von Standardlösungen als auch Nischenanbieter. Standardlösungen im Festnetzmarkt adressieren hauptsächlich den reinen Sprach- und Datenverkehr. Zu den Anbietern solcher Lösungen zählen Unternehmen wie AT&T und IBM, die auch im deutschen Markt aktiv sind. In den Nischenmärkten hat sich eine breite Palette von Spezialanbietern etabliert, die Lösungen bereitstellen, deren Realisierung für die großen Anbieter zu aufwendig wäre.

Im Mobilfunkmarkt ist die ungleiche Umsatzverschiebung zu Gunsten des Geschäftskundensegmentes einfach zu erklären: Viele Unternehmen überlassen ihren Mitarbeitern ein Firmen-Handy stillschweigend auch zur privaten Nutzung und es kann davon ausgegangen werden, dass viele der Verbindungsminuten, die über die Firma abgerechnet werden, zwar dem Geschäftskundensegment zugeschlagen werden, tatsächlich aber privater Natur sind.

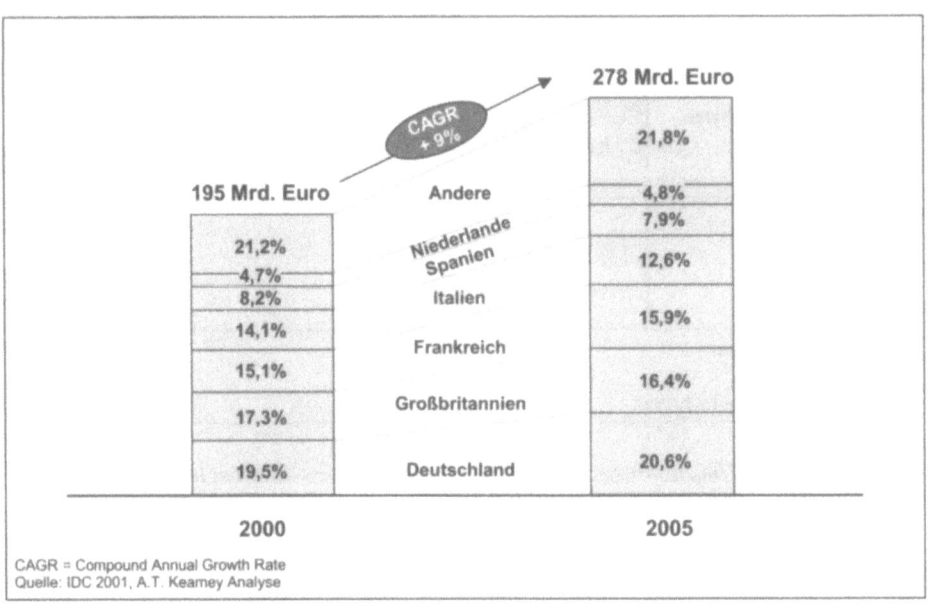

Abbildung 6:   *Zusammensetzung der Umsatzentwicklung für ausgewählte Telekommunikationsmärkte in Europa*

Im ISP-Markt ist die relativ geringe Differenz zwischen Geschäfts- und Privatkundensegment durch die hohen Preisnachlässe in der Volumentarifierung zu erklären. So ist hier davon auszugehen, dass bei einer geschäftlichen Nutzung das übertragene Datenaufkommen pro Nutzer wesentlich höher ist als bei einer privaten Nutzung, jedoch liegt der Preis für das übertragene Datenaufkommen weit unter dem Preis, der dem privaten Nutzer in Rechnung gestellt wird. Es ist keine Seltenheit, dass sich bei einer Verzehnfachung des monatlichen Datenvolumens von 100 Gigabyte (GB) auf 1000 GB der Preis pro GB viertelt oder sogar noch stärker fällt

Hauptumsatzträger der Telekommunikation sind heute die Sprachdienste mit einem Marktvolumen von ca. 50,4 Mrd. Euro. Der Markt teilt sich in die mobile Sprach-

Telefonie (22,4 Mrd. Euro) und in die festnetzbasierte Sprach-Telefonie (28 Mrd. Euro) auf. Festnetzbasierte Datendienste, wie der Internetzugang und das Geschäft mit Standleitungen, machen mit 3,3 Mrd. Euro Umsatz gerade mal 5 Prozent des gesamten Marktvolumens aus – allerdings mit stark wachsender Tendenz, denn die durchschnittliche Wachstumsrate beträgt 24 Prozent p. a. Im gesamtwirtschaftlichen Zusammenhang leistet der deutsche Telekommunikationsmarkt immerhin einen Beitrag von knapp 3 Prozent zum Bruttosozialprodukt, mit moderat wachsender Tendenz.

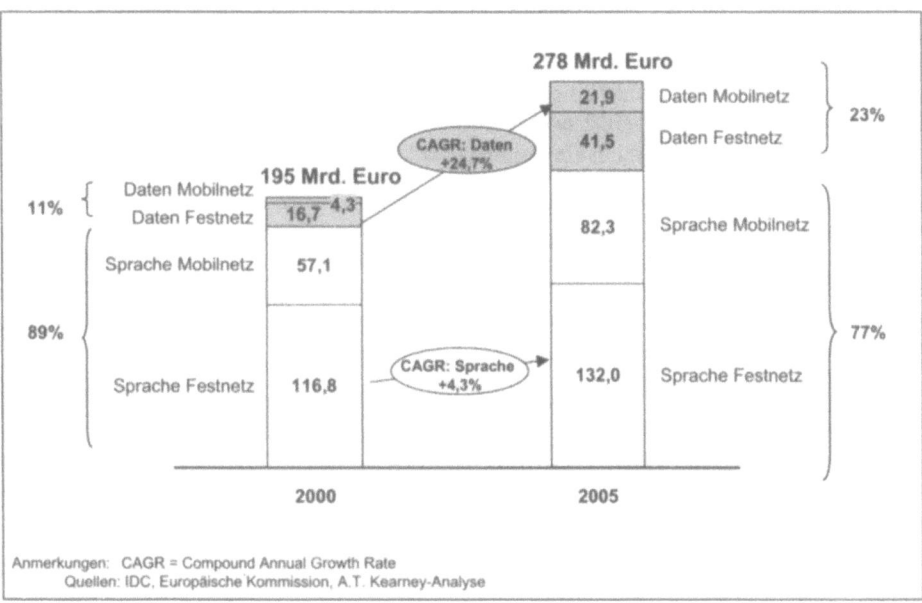

Abbildung 7: Umsatzentwicklung für funk- und festnetzbasierte Sprach- und Datendienste in Europa

Doch wie verdient man im Telekommunikationsmarkt Geld? Telekommunikation ist die Bereitstellung von Übertragungswegen und technischen Geräten zur Übertragung von elektronischen Signalen. Darunter fallen im engeren Sinne Festnetz- und Mobil-Telefonie. Im weiteren Sinne gehören zur Telekommunikation aber auch die Netze zur Datenübertragung, wie der Internetzugang, und die Netze der elektronischen Medienmärkte. Das Geschäftsmodell der Netzbetreiber lässt sich prinzipiell in drei Wertschöpfungsstufen untergliedern:

Infrastrukturbetrieb/Carrier-Betrieb: Darunter werden Unternehmen zusammengefasst, die Übertragungskapazitäten errichten und bereitstellen. Im Fall der drahtgebundenen Leitungsträger stellen die Unternehmen die Leitungsführungen zu Haushalten oder Betriebsstätten der potenziellen Kundschaft bereit. Zu diesen Infrastrukturbetreibern gehören Unternehmen wie COLT Telecom oder lokale Anbieter. Andere Unternehmen befassen sich mit funkgestützten Leitungsträgern (Mobilfunk, terrestrische Rundfunkdienste) und errichten und installieren Antennenmasten und Dachantennen. Zu diesen Infrastrukturbetreibern gehören Unternehmen wie New Radio Tower (NRT) und Crown Castle International.

Netzbetrieb: Der Netzbetrieb ist im Kern die Veredelung der reinen Übertragungsleistung von Netzdiensten, die sich noch viel stärker an den Bedürfnissen der anvisierten Zielkundensegmente orientiert. So gibt es Netzbetreiber, die sich auf das Geschäft mit Standleitungen für die Datenanbindung großer Rechenzentren spezialisieren. Es gibt aber auch Festnetzbetreiber wie Arcor, die Sprach- und Datendienste vorrangig Privathaushalten sowie Klein- und Mittelstandsunternehmen anbieten. Netzbetreiber im Mobilfunk sind z. B. Vodafone D2 oder E-Plus. Größter Kabelnetzbetreiber ist die Kabel Deutschland GmbH (KDG), ein Unternehmen der Deutschen Telekom.

Handel (Resale, Retail): Hier wird zwischen Resale-Unternehmen (Wiederverkäufer, Großhändler) und Retail-Unternehmen (Einzelhändler) unterschieden. Ein Resale-Unternehmen ist zum Beispiel Debitel, das sich mit eigener Marke im Mobilfunkmarkt behauptet und Dienste veredeln kann. Als Retailer handeln wiederum Firmen wie Tele2, die sich überwiegend über einen Preisvorteil vom Wettbewerb auf dem Festnetzmarkt differenzieren. Die Vorteile entstehen über Volumeneffekte.

Am Rande sei hier auch auf IT-Dienstleister wie EDS hingewiesen, die für ihre Kunden Synergien durch Outsourcing unternehmensübergreifender Aufgaben realisieren, wie die Verrechnung der Zahlungsleistungen von Roaming-Partnern im Mobilfunkgeschäft. Für jede Wertschöpfungsstufe ist zudem eine unterschiedliche Ausstattung mit Hardware- und Software-Systemen erforderlich, die einen sicheren Betrieb innerhalb der Wertschöpfungsstufen garantieren und mit der sich Hersteller wie Ericsson oder Siemens befassen.

Das Leistungsspektrum der Marktteilnehmer überschneidet sich an vielen Stellen der Wertschöpfungskette, und die Marktteilnehmer integrieren sich teilweise vertikal – also über mehrere Wertschöpfungsstufen hinweg, teilweise horizontal – also über mehrere Netze hinweg. Anbieter wie die Deutsche Telekom sind teils vertikal und teils horizontal integriert: Die Deutsche Telekom ist im Mobilfunk, im Festnetz und im Kabel tätig, und zwar gleichzeitig als Carrier, Netzbetreiber, Reseller und Retailer. Mit zunehmender Konvergenz wird es immer schwieriger, die Grenzen zwischen den horizontalen und vertikalen Marktsegmenten zu ziehen. Die Folge ist eine zunehmende Dienste-Integration und Servicevielfalt, die ganz neue Herausforderungen an die Marktteilnehmer stellt und eine genaue Analyse der marktwirtschaftlichen Implikationen neuer Technologien auf das bestehende Service- und Produktportfolio sowie der Positionierung im Markt erfordert.

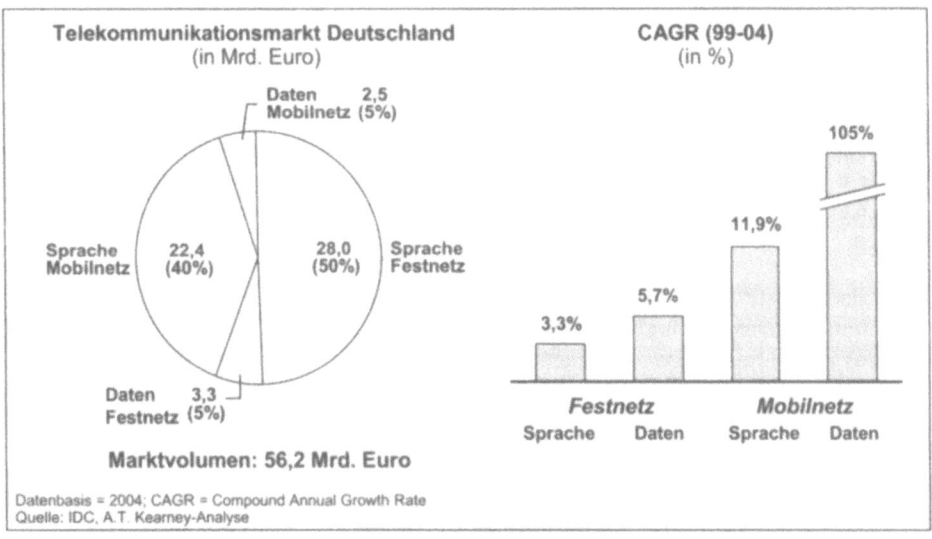

Abbildung 8:   *Entwicklung des deutschen Telekommunikationsmarktes*

Chancen der Konvergenz und ihre Treiber

Wie steht es denn wirklich um die Konvergenz von Telekommunikations- und Medienunternehmen? Ist sie schon soweit fortgeschritten, dass sie für den Massenmarkt tauglich ist? Ein Blick hinter die heimische Schrankwand auf den unübersichtlichen Kabelsalat von Stereoanlage, DVD-Spieler und Surround-Anlage offenbart, dass wir noch ziemlich weit von der technisch möglichen Konvergenz entfernt sind. Da hilft auch nicht die Lektüre der einschlägigen PC-Zeitschriften und Prospekte der Computerhersteller, die uns immer wieder vormachen wollen, wie einfach die Multimedia-Welt von morgen ist. Auch wenn der Nachbarssohn den illegalen Musik-Download als Kinderspiel abtut – es bleibt eine Minderheit, die imstande ist, mit den neuen technischen Herausforderungen umzugehen. So wies der Autor Hans Magnus Enzensberger zu Recht kritisch darauf hin, dass zwei Drittel der Bevölkerung vom Gebrauch der digitalen Medien auf Grund deren Benutzer*feindlichkeit* ausgeschlossen seien.

Dennoch sind wir schon auf dem besten Weg in die Konvergenz, denn technische Innovation ist spätestens seit der Industrialisierung immer wieder ein unaufhaltsamer Motor für Wachstum und Prosperität. Die Digitalisierung treibt die Entwicklung der Telekommunikations- und Medienmärkte hin zur Konvergenz, deren strategische Implikationen für ihr bestehendes Geschäft die meisten Telekommunikations- und Medienunternehmen noch nicht ausreichend analysiert haben. Dies gilt insbesondere für die Auswirkungen der Digitalisierung auf die von uns näher betrachteten Netz- und Dienste-Ebenen:

- Auf der Netz-Ebene bewirkt die Digitalisierung eine zunehmende Austauschbarkeit (Interoperabilität) der Netze bei gleichzeitiger Kopierbarkeit der Inhalte. So ist es heute beispielsweise möglich, auf einem Mobilfunknetz im Internet zu surfen. Auch kann ein Kabelnetz zur Sprach-Telefonie eingesetzt werden. Grundlage dieser konvergenten Entwicklung ist das universell einsetzbare Internet Protocol (IP), weshalb diese Entwicklung oft mit dem Kunstwort „IPisierung" umschrieben wird. Da alle Inhalte digital vorliegen, können sie ohne Qualitätsverlust gelesen und kopiert werden.

- Auf der Dienste-Ebene hat die Digitalisierung vor allem Auswirkungen auf Personalisierung, Interaktion und Dienste-Vielfalt. Was man sonst nur von Fünf-Sterne-Hotels kennt, findet sich zunehmend auch im Internet wieder, denn dort ist die Personalisierung besonders weit fortgeschritten: Klickt man beispielsweise als Kunde auf die Internet-Buchhändler amazon.de oder bol.de, wird man mit seinem Namen begrüßt. Die Website erinnert sich daran, dass man beim letzten Besuch beispielsweise nach einem besonderen Bildband gesucht hat und weist automatisch auf aktuelle Neuerscheinungen hin. Oder ein anderes Beispiel: Das Hinterlegen eines Suchprofils erspart das lästige Durchblättern aller Immobilienanzeigen, denn der Nutzer erhält tagesaktuell und ohne weitere Nachfrage die Angebote, die seinem persönlichen Suchprofil entsprechen.

Ein weiteres Novum der Digitalisierung ist die Möglichkeit zur Interaktion: So sind neue Kommunikationsformen wie Chat-Räume und der Instant Messenger entstanden, die es erlauben, in die direkte, vorher nicht denkbare, webgestützte Interaktion mit Kommunikationspartnern zu treten. Nicht zu vergessen ist die Einführung von E-Mail, die dem Internet als erste wirkliche „Killerapplikation" zu seinem sensationellen Siegeszug verholfen hat.

Die mit der Digitalisierung entstandene Dienste-Vielfalt und der freie Zugriff auf Informationen sind heute aus der täglichen Arbeit vieler Menschen in Wirtschaftsunternehmen, öffentlichen Institutionen und aus dem Wissenschaftsbetrieb nicht mehr wegzudenken. Aber auch bei der „klassischen" Verbreitung von Medien-Inhalten, zum Beispiel Fernsehen, führt die Digitalisierung zu noch mehr Dienste-Vielfalt. So kann durch die Digitalisierung die maximale Übertragungskapazität der Fernsehkanäle um das Sechsfache gesteigert werden. Ein erfolgversprechendes Beispiel für mehr Dienste-Vielfalt im Mobilfunk ist die anstehende Einführung des Multimedia Message Service (MMS), einer Weiterentwicklung der SMS. Dieser Service erlaubt es nicht nur, Text zu versenden, sondern auch Bilder und Grafiken an andere Mobilfunkteilnehmer mit einem entsprechenden Endgerät weiterzuleiten.

Die Auswirkungen der Digitalisierung auf die Entwicklung der Telekommunikations- und Medienmärkte sind aber längst nicht immer wünschenswert. Illegale Raubkopien von digital gespeicherten Anwendungsprogrammen und Betriebssystemen und ihre Vervielfältigung konnte Microsoft zum Beispiel erst durch den Verkauf von vorinstallierter Software auf Computern eindämmen. Auch Musiktauschbörsen wie Napster oder Morpheus zur (noch) illegalen Distribution digitaler Inhalte sind nicht wirklich wünschenswert im Sinne der Industrie, wenn auch im Sinne der Verbraucher. Wenige Medienunternehmen wie Bertelsmann waren bereit, sich konstruktiv mit dieser Bedrohung eines ihrer wichtigsten Standbeine, dem Musikgeschäft, auseinander zu setzen und boten den Wettbewerbern an, Napster mit der Legalisierung zu einer profitablen Plattform für die On-line-Distribution von Musik auszubauen. Diese Initiative blieb ohne nennenswerten Erfolg.

Digitalisierung beschreibt im weiten Sinn einen Prozess, der die Telekommunikations- und Medienmärkte grundlegend verändert. Wer annimmt, dass dieser Prozess mit dem Zusammenbruch der New Economy gestoppt wurde, der irrt. Nach einer Phase der Euphorie scheint sich der Markt nun einem Pessimismus hinzugeben, den es ebenso wie damals die Euphorie zu überwinden gilt. Mittelfristig und mit konstruktiver Unterstützung der Ordnungspolitik wird der Markt seinen Wachstumspfad wieder aufnehmen. Die Telekommunikations- und Medienunternehmen sind abermals aufgerufen, sich rechtzeitig mit den strategischen Implikationen dieser Entwicklung zu beschäftigen und frühzeitig die Wachstumschancen für ihre Unternehmen zu erkennen. Denn noch warten die oben erwähnten zwei Drittel der Bevölkerung auf benutzerfreundliche Konvergenzprodukte, die leicht zu bedienen, bezahlbar und nutzenstiftend sind.

Optimierung der Kostenstrukturen

Zur Sicherung der Wettbewerbsfähigkeit am Standort Deutschland müssen sich die Unternehmen im Telekommunikations- und Mediengeschäft nicht nur am Umsatz, den Marktanteilen und dem Produktportfolio messen lassen. Um sich als Klassenbester zu behaupten, haben sie auch die Optimierung der Kostenstrukturen vorzunehmen und konsequent nach Kosteneinsparpotenzialen zu suchen. Die Kostenstrukturen der Unternehmen sind dann an die durch die Konvergenz veränderten Marktbedingungen anzupassen. Die Praxis zeigt dabei, dass diejenigen Unternehmen in der Lage sind, sich einen nachhaltigen Wettbewerbsvorteil zu sichern, die das Thema Kostenmanagement zur Top-Agenda der Chefetage gemacht haben.

Die Mehrzahl der Unternehmen hat schon – vielfach weitgehend erfolglos – isolierte Projekte mit bewährten Cost-cutting-Ansätzen wie Zero-based-budgeting, Overhead Value Analysis, Sourcing etc. ausprobiert. Ihr Ansatz, jetzt sofort Kosten zu sparen, muss aber umfassender sein, wenn sie ihre Probleme lösen wollen. Die Unternehmen müssen zunächst dem Imperativ *vernünftig und nachhaltig sparen* folgen, das heißt, so sparen, dass die Effekte nicht nur kurzfristiger Natur sind. Und sie müssen dafür sorgen, dass sie sich nicht „kaputt sparen", denn eine Schrumpfung zum Beispiel des Personalbestandes geht leicht mit einem „brain drain" einher, der in späteren besseren Zeiten dem Wachstum im Wege steht. Zweiter Imperativ sollte *wachsen und investieren* sein – eine Devise, die auch im Zuge der Sparmaßnahmen befolgt werden kann, wenn der Markt diese Möglichkeit eröffnet.

Dazu ist zunächst ein völlig neuer Denkansatz erforderlich, der Sparen und Wachsen in Balance in die Überlegungen einbezieht und das Unternehmen als Ganzes betrachtet. Anstelle der bisher anzutreffenden Zielsetzung „punktuelle Lösungen" lautet das Gebot heute „radikale Veränderung der gesamten Kostenstruktur".

In die Tat umgesetzt bedeutet das, dass ohne Rücksichten alle Kostenstrukturelemente analysiert werden müssen:

Kapazitätsplanung: Das Sprachaufkommen wird weniger stark wachsen als bisher bzw. leicht rückläufig sein. Die Amortisationszeit für Equipment zur Leistungserbringung fällt weiter, so wie auch der durchschnittliche Zeitraum bis zum Technologie-Update.

Innovationsmanagement: IP ist der neue globale „Dial tone" und wird zur bevorzugten Plattform für innovative Dienstleistungen (Kombination von Multimedia, Sprach- und Datenanwendungen). Eine Entwicklung, die technisch eine Umstellung und Anpassung der Plattform erfordert und finanziell eine weitere Herabsenkung der Gewinnmargen bedeutet. Sprachdienste, die das Rückgrat vieler Telekommunikationsdienste bilden, werden zunehmend von Mobiltelefonen abgewickelt.

Service und Wartung: Der Wechsel auf IP-Technologie gefährdet Investitionen in leitungsvermittelnde Schalttechnik zur Sprachübertragung. Die zunehmende Integration der Technik erfordert wachsenden Service- und Wartungsaufwand.

Billing: Die Anforderungen an Billing-Systeme werden zunehmend komplexer. Telekommunikationsunternehmen sind gezwungen, in den Ausbau ihrer Billing-Systeme zu investieren, um die wachsende Variabilität der Preismodelle der Wettbewerber ebenfalls abbilden zu können.

Auf die Implikationen der hier zu Grunde liegenden Kostenstrukturen haben die Telekommunikations- und Marketingunternehmen nach bestimmten Grundsätzen einzugehen.

Leistungen und Produktmerkmale, die sich als besonders kostentreibend erweisen, sind zu eliminieren, vor allem dann, wenn sie vom Kunden nicht explizit nachgefragt werden, sondern ohne Kundenwunsch Komplexität aufbauen, die nicht nur unnötige Kosten verursacht, sondern sich auch unter Marketinggesichtspunkten nicht auszahlt.

Auch die Kosten für mangelnde Qualität, zum Beispiel für die Bearbeitung von Reklamationen, sind zu betrachten. Da die Kosten zum Ausgleich schlechter Qualität immer höher sind als die Kosten, die entstehen, um das Produkt oder die Leistung von vornherein in hoher Qualität anzubieten, muss bei der Leistungserstellung angesetzt werden. Auch das Thema „Qualität einbauen" hat neben dem Sparaspekt Marketingaspekte. Nur in die Qualität, die der Markt fordert, muss investiert werden und mit Qualität, die der Kunde würdigt, kann der Umsatz angekurbelt werden.

Fixe Kosten gelten, wie der Begriff schon andeutet, im Unternehmen als feste Größen. Im Zuge regelmäßig wiederkehrender Einsparinitiativen werden diese Kostenblöcke zwar häufig nach der „Rasenmähermethode" immer wieder dezimiert, aber nie wirklich angetastet. Die Überlegung, viel stärker als bisher geschehen aus diesen festen Kosten variable zu machen, steht in vielen Unternehmen noch ganz am Anfang, ist aber ein guter Weg zur Kostenminimierung. Solange sichergestellt ist, dass die Auslagerung bestimmter Leistungen und Prozesse an Dienstleistungsunternehmen oder Zulieferer die eigene Know-how-Basis nicht tangiert und auch nicht zu einer versteckten Kostenerhöhung führt, ist Outsourcing eine Option, die sich rasch umsetzen lässt und unmittelbare Wirkung zeigt. Die Wirkung auf den Umsatz liegt in diesem Fall darin, dass man etwa die Marke eines profilierten Zulieferers für das eigene Marketing nutzen kann, oder dass sich durch die engere Zusammenarbeit mit dem Lieferanten Potenziale bei neuen Kunden eröffnen.

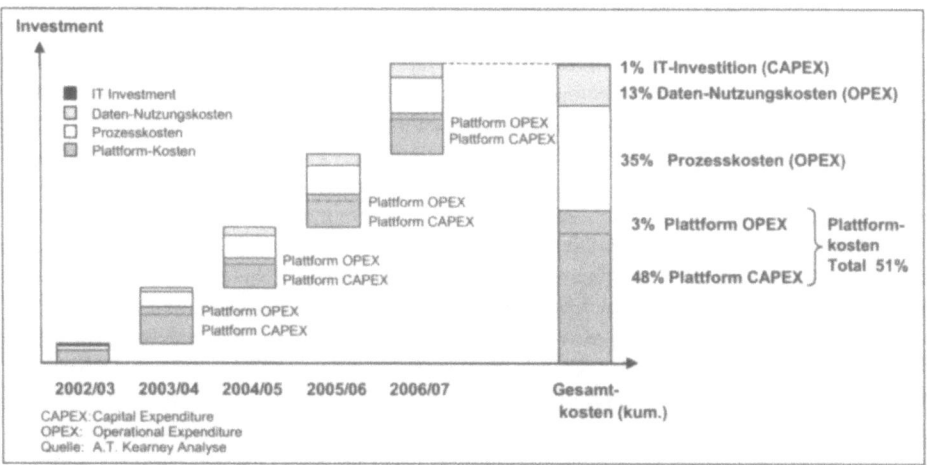

Abbildung 9: Entwicklung der Kostenstruktur für die Bereitstellung von DSL-Diensten (Beispiel)

Betrachtet man exemplarisch die kumulierten Gesamtkosten für die Bereitstellung von DSL-Diensten, kann man feststellen, dass davon jeweils rund 50 Prozent Investitions- und Betriebskosten sind, die mit ausgewählten Maßnahmen zu optimieren sind.

Entscheidend für eine erfolgreiche Optimierung der Kostenstruktur ist die grundlegende Bereitschaft insbesondere des Top-Managements, alle „heißen Eisen" anzufassen und alle bestehenden Strukturen in Frage zu stellen, um sich so nachhaltig vom Wettbewerb abzuheben.

Das Top-Management eines führenden US-amerikanischen Anbieters von Telekommunikationsdienstleistungen hat sich beispielsweise dazu verpflichtet, alle Geschäftseinheiten im Sinne eines optimierten Kostenmanagements zu analysieren. So wurden die Vertriebskanäle an die veränderten Marktverhältnisse angepasst, um der Nachfrage nach datenzentrierten Diensten gerecht zu werden, der bestehende Mix von Produkt- und

Kundensegmenten wurde für alle vier Geschäftssegmente abgelöst und dabei ein Umsatzausfall durch die Eliminierung verlustbringender Produkte bewusst in Kauf genommen. Nach klaren Regeln werden nun Teile der Infrastruktur und der servicebedingten Kosten an Drittanbieter ausgelagert oder verkauft. Die Investitionszyklen und Ersatzzeiten für bestehende Altsysteme und Technologieinnovationen sind neu definiert. Das Unternehmen konnte mit diesen Maßnahmen ein beträchtliches Kosteneinsparpotenzial realisieren.

Andere Unternehmen wie Telstra, der traditionelle australische Telekommunikationsanbieter, haben bereits vor zwei Jahren mit der signifikanten Optimierung der Kostenstrukturen begonnen und können heute umfassende Erfolge vorweisen. So war das Unternehmen mit einem neuen, ganzheitlichen Kostenreduzierungsansatz in der Lage, seinen Börsenkurs (-5 Prozent) seit Januar 2000 signifikant über dem Niveau der australischen Wettbewerber (Cable&Wireless Optus -35 Prozent), dem der amerikanischen Telco-Indizes (-40 Prozent) und der europäischen Telco-Indizes (-52 Prozent) zu halten: „Für uns ging es nicht nur darum, rasch signifikante Beträge einzusparen, sondern auch darum, die entsprechende Mentalität dauerhaft im Unternehmen zu verankern, denn nach den fetten Jahren in der Telekommunikation kommt nun die Konsolidierungsphase. Das bedeutet einige weniger fette Jahre. Ein ganz unorthodoxer, aber durchgreifender Ansatz hat uns geholfen, so zu sparen, dass wir nicht Substanz vernichtet haben, sondern während des Sparens wachsen und unseren Shareholder Value dabei nachhaltig verbessern." An dieser Stelle wollen wir nicht versäumen darauf hinzuweisen, dass Kostenführerschaft nicht notwendiger Weise ausreicht, um überdurchschnittliche Profitabilität zu erreichen. Das ist u.a. ein Ergebnis aus verschiedenen A.T. Kearney Benchmarking-Studien. Marktanteile sowie die Ausschöpfung von Umsatzpotenzialen der Kunden durch segmentspezifische Vermarktung, intelligente Produktbündelung und intelligentes Pricing haben eine hohe Bedeutung. Auf diesen in Diskussion und Handeln derzeit teilweise vernachlässigten Aspekt gehen wir in späteren Ausführungen ein.

1.3 Regulierung der Telekommunikations- und Medienmärkte

Der Trend zur Konvergenz bedarf nicht nur des vollen Engagements der Unternehmen, sondern auch des Engagements der Regulierung. Soll der Trend zur Konvergenz den Standort Deutschland beim nachhaltigen Wachstum unterstützen, dann ist für ihn ein geeigneter ordnungspolitischer Rahmen zu schaffen. Ausgangspunkte für die Identifizierung der *richtigen* Regulierung sind die Analyse des Status quo der Ordnungspolitik und die Bewertung der bisherigen Praxis.

Das regulatorische Ziel war in der Vergangenheit, die Telekommunikations- und Medienmärkte institutionell und organisatorisch voneinander abzugrenzen. Mit dieser Zielsetzung steuerte die Ordnungspolitik in Deutschland in der jüngsten Vergangenheit allerdings genau *gegen* den allgemeinen Trend zur Konvergenz. Nun stellt sich die Frage, ob die ordnungspolitische Separierung der Telekommunikations- und Medienmärkte von industrieökonomischer Weitsicht oder eher von institutionellem Kompetenzgerangel getrieben war?

An der sektorspezifischen deutschen Regulierung ist problematisch, dass ihre Rechtsbereiche nicht ausreichend voneinander abgegrenzt sind. Dies zeigt der Fall des Medienzwitters Teleshopping, für den das relevante Regulierungsgesetz nur schwer zu bestimmen ist: Handelt es sich um einen Informations- und Kommunikationsdienst oder um reinen Verkauf? Richtet Teleshopping sich an Individuen oder an die Allgemeinheit? Das ist Auslegungssache: Je nach Blickwinkel lassen sich drei Verträge bzw. Gesetze identifizieren, die für das Teleshopping relevant sind. Da ist der zwischen den Bundesländern abgeschlossene Rundfunkstaatsvertrag (RStV), der u. a. festlegt, welche Rundfunkprogramme in welche Kabelnetze eingespeist werden. Zum anderen gibt es den ebenfalls von den Bundesländern abgeschlossenen Mediendienstestaatsvertrag (MDStV), der wiederum Teleshopping als „Verteildienst in Form von direkten Angeboten an die Öffentlichkeit für den Verkauf, den Kauf von Erzeugnissen oder die Erbringung von Dienstleistungen" klassifiziert und damit von anderen Rundfunkdiensten und Telediensten abgrenzt. Unterstellt man, dass der Teleshopping-Kauf eine direkte Kommunikation zwischen Käufer und Verkäufer erfordert, so müsste man auch die entsprechenden Paragrafen des Teledienstegesetzes (TDG) bei der Analyse der ordnungspolitischen Rahmenbedingungen für Teleshopping in Betracht ziehen.

Analysiert man also die deutsche Regulierung in der Grauzone zwischen Telekommunikation und Medien aus Sicht eines innovativen Dienste-Anbieters, so wird schnell deutlich, dass das bestehende definitorische und institutionelle Kompetenz-Wirrwarr der Ordnungspolitik für die Konvergenz von Netzen und Diensten kontraproduktiv und eine Reform unerlässlich ist.

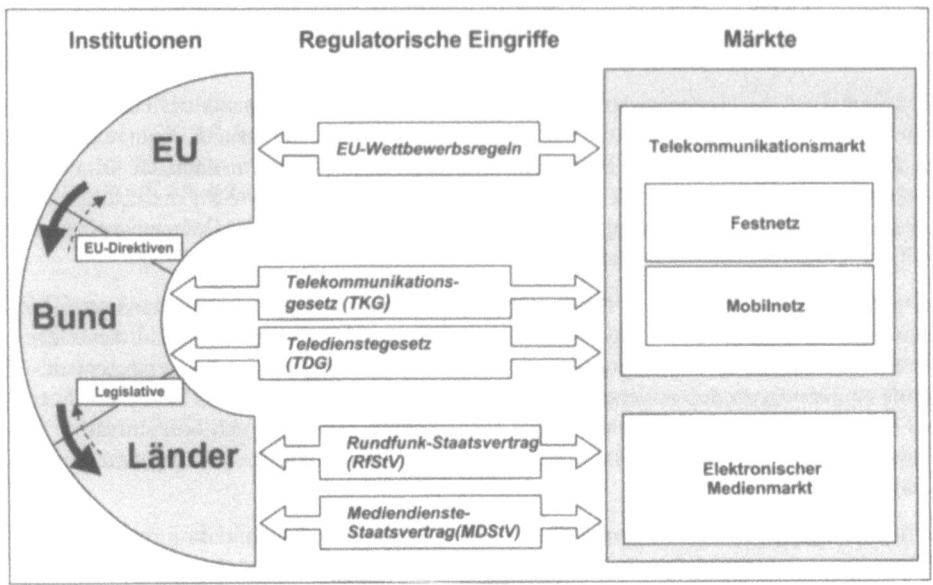

Abbildung 10: Regulierung stellt sich heute als ein komplexes Geflecht aus EU-weiten, nationalen und länderspezifischen Regeln dar

Regulierung der Telekommunikationsmärkte

Das nationale Regulierungsfeld prägt ein komplexes Geflecht aus europäischen Direktiven sowie nationalen Richtlinien und Gesetzen, das schon einige Jahre Geschichte aufzuweisen hat. Die Liberalisierung der Telekommunikationsmärkte nahm ihren Ausgang in den Direktiven der EU, die Anfang der 90er Jahre in Kraft traten. Die EU erließ ab diesem Zeitpunkt ein Bündel von Liberalisierungs- und Harmonisierungsrichtlinien, die die Eckpunkte für die Liberalisierung der nationalen Telekommunikationsordnungen markierten. In Deutschland folgten die Postreformen I und II und 1996 auf Basis der EU-Ministerratsbeschlüsse das Telekommunikationsgesetz (TKG), das die Liberalisierung des Telekommunikationsmarktes einleitete. Verträge zwischen den Bundesländern wie die Netzzugangsverordnung und die Telekommunikationskundenschutzverordnung flankieren das TKG; sie enthalten Vorschriften, die für die operative Umsetzung der gesetzlich geforderten bzw. erlaubten Vorgaben Hilfestellung geben.

Mit Beginn des Liberalisierungsprozesses haben sich die nationalen Parlamente zwar an die Vorgaben der EU gebunden gefühlt, jedoch mit beträchtlichem Auslegungsspielraum. Spanien und Portugal begannen zum Beispiel ihre Liberalisierungsprozesse später als Großbritannien oder Deutschland. Der zu Beginn der Liberalisierung noch bestehende Umsetzungsspielraum der nationalen Gesetzgebung verkleinert sich aber zusehends und wird zudem durch das Inkrafttreten europaweiter Vorschriften ersetzt. Eine Entwicklung, die grundsätzlich zu begrüßen ist, solange die nationalen Gegebenheiten der Mitgliedsländer dabei ausreichend Berücksichtigung finden. Allerdings ist davor der heimische Telekommunikationsmarkt auch erst einmal für Europa und für die Konvergenz flott zu machen. Es ist kritisch zu beleuchten, inwieweit in Deutschland das TKG dazu als „Sprungbrett" dienen kann.

> *Die Ziele der Regulierung gemäß TKG §2 Abs. 2[1]:*
> 1. Die Wahrung der Interessen der Nutzer auf dem Gebiet der Telekommunikation und des Funkwesens sowie die Wahrung von Fernmeldegeheimnissen
> 2. Die Sicherstellung eines chancengleichen und funktionsfähigen Wettbewerbs, auch in der Fläche, auf den Märkten der Telekommunikation
> 3. Die Sicherstellung einer flächendeckenden Grundversorgung mit Telekommunikationsdienstleistungen (Universaldienstleistungen) zu erschwinglichen Preisen
> 4. Die Förderung von Telekommunikationsdiensten bei öffentlichen Einrichtungen
> 5. Die Sicherstellung einer effizienten und störungsfreien Nutzung von Frequenzen, auch unter Berücksichtigung der Belange des Rundfunks
> 6. Die Wahrung der Interessen der öffentlichen Sicherheit

Das TKG hatte das vorrangige Ziel, das bisher bestehende Monopol des nationalen Telekommunikationsunternehmens in einen Zustand nachhaltigen Wettbewerbs zu überführen. Der mit dem Erlass des TKG eingeläutete Liberalisierungsprozess war zugleich Voraussetzung und Anstoß für das Wachstum der Telekommunikationsmärkte der vergangenen Jahre. Obwohl die Entwicklungen im Telekommunikationsmarkt zunächst darauf hindeuteten, dass die Liberalisierung erfolgreich verlief, stehen wir heute vor einem Markt mit ruinösem Preiswettbewerb und fehlenden Infrastrukturalternativen.

Regulierung der Mobilfunkmärkte

Da die Mobilfunkmärkte von Anfang an im Wettbewerb standen, sind sie als „Sonderfall" der Telekommunikation wenig reguliert. So wurden in fast jedem europäischen Land innerhalb weniger Jahre drei bis sechs Unternehmen GSM-Lizenzen für den Betrieb mobiler Funknetze erteilt. Daraus entwickelte sich ein Wettbewerbsumfeld wie in

---

[1] im genauen Wortlaut nachzulesen unter
http://www.bmwi.de/Homepage/download/telekommunikation_post/tkg.pdf

Deutschland, wo die beiden großen Mobilfunkunternehmen, Vodafone D2 und T-Mobile, jeweils ca. 40 Prozent Marktanteil haben und die anderen zwei Mobilfunkunternehmen den geringen Rest des Marktes unter sich aufteilen.

Europaweit hat so die Ordnungspolitik mit der Lizenzierung des GSM-Mobilfunks ein Marktumfeld geschaffen, in dem die Herausforderer des jeweiligen Ex-Monopolisten in den meisten Ländern einen Marktanteil von mindestens 40 Prozent erreicht haben. Diese Entwicklung basiert zumindest in Deutschland nicht zuletzt auf der als „Kontrahierungszwang" bekannten Lizenzauflage, wonach die Mobilfunknetzbetreiber dazu verpflichtet sind, mit Resellern Verträge zur Weitervermarktung ihrer Netzdienste abzuschließen. Ein Modell, das auch in anderen Märkten wie dem Festnetzmarkt in einer abgeschwächten Form Anwendung gefunden hat und dazu dienen könnte, das Wettbewerbsumfeld auch in anderen Märkten nachhaltig zu verbessern.

Regulierung der elektronischen Medienmärkte

Bei der Betrachtung des ordnungspolitischen Rahmens der elektronischen Medienmärkte fällt zunächst der besondere Status dieser Medien ins Auge. Dieser leitet sich in Deutschland aus Artikel 5 des Grundgesetzes ab, der u. a. die Freiheit der Berichterstattung durch Rundfunk und Film gewährleistet (kurz: Rundfunkfreiheit) und damit die Meinungsvielfalt in Deutschland sicherstellt. Im Unterschied zu den Telekommunikationsmärkten, die lediglich die Übertragung von Nachrichten organisieren, entscheiden die Medienmärkte, welche Nachrichten zum Empfänger transportiert werden. Dabei obliegt den Bundesländern auf Basis des in Deutschland gültigen föderalistischen Prinzips die Aufgabe, zur Förderung der kulturellen Vielfalt beizutragen und die Meinungsvielfalt bezüglich der auf elektronischem Wege übertragenen Medien-Inhalte sicherzustellen. Dazu gehören insbesondere TV- und Hörfunkdienste, die terrestrisch oder über das TV-Kabelnetz gesendet werden. In der Praxis bedeutet dies, dass in Deutschland Medienpolitik auf Länderebene entschieden wird (Kulturhoheit der Länder) und somit Sache der Länder ist.

Ergebnis dieser ordnungspolitischen Zweiteilung ist in diesem Fall eine stark fragmentierte Vielfalt von Bundesgesetzen sowie von Länderverordnungen, die teilweise nur unzureichend voneinander abgrenzbar sind und beträchtlichen Interpretationsspielraum zulassen, der leider nur allzu oft auf juristischem Wege geklärt werden muss.

Als besonderes Problem erweist sich der bestehende ordnungspolitische Rahmen im Kabelnetz. Für die Belegung der Fernsehkanäle sind die Landesmedienanstalten zuständig, aber ihre Zuständigkeit endet bei den Telediensten. Für diese ist wiederum der Bund zuständig. Die fortschreitende technische Entwicklung erlaubt nun eine erweiterte Nutzung des Kabelnetzes: So können neben Rundfunkdiensten und Telediensten auch Sprach- und Datendienste über das Kabel transportiert werden. Damit fällt das Kabel gleichzeitig in den Zuständigkeitsbereich des Bundes und der Länder. Ähnlich komplexe

Sachverhalte treten bei fast allen Netzen auf, die sich sowohl für die Übertragung von Kommunikations- als auch Mediendiensten eignen.

1.4 Deutschlands Chance: Die Kommunikationsgesellschaft

Standort Deutschland am Scheideweg: Worauf müssen sich die Unternehmen und deren Kunden im Bereich Telekommunikation und Medien in Zukunft einstellen? Während die Unternehmen auf steigende Umsätze, höhere Erträge und damit auf bessere Aktienkurse ihrer Unternehmen hoffen, wünschen sich die Kunden mehr Dienste-Vielfalt, mit Produkten, die auf ihre tatsächlichen Bedürfnisse ausgerichtet sind – zu attraktiven Preisen.

Derzeit steht auf den Agenden der Vorstandssitzungen der deutschen Telekommunikations- und Medienunternehmen nur ein Thema: Kosten sparen. Dabei geht es eigentlich bereits um die Konsolidierung der noch sehr fragmentierten Branche und die Rückbesinnung auf das Kerngeschäft. Nur widerwillig und unter großen Anstrengungen verdauen die Marktspieler die hohen Investitionen in die Verlust bringenden Online-Auftritte und in nicht genutzte Telekommunikations-Infrastruktur. Die Erwartungen, die sie und die Aktienmärkte an ihre Business-Pläne hatten, waren einfach zu hoch. Aber auch die Erwartungen der Verbraucher wurden zunächst einmal enttäuscht. So hatten Mobilfunkunternehmen und Betreiber mobiler Portale den WAP-Standard als den Beginn der mobilen Multimedia-Welt versprochen und dabei sowohl Dienste-Ausstattung als auch Preise an den wirklichen Bedürfnissen ihrer Kunden vorbeigeplant.

Die Telekommunikations- und Medienmärkte brauchen nun dringend Wachstumsimpulse, denn davon hängt in Zukunft die Qualität des Telekommunikations- und Medienstandortes Deutschlands ab. Zwar ist der deutsche Markt im europäischen Vergleich nach wie vor führend, doch liegt dies zu einem großen Teil daran, dass Deutschland das bevölkerungsreichste Land der Europäischen Gemeinschaft ist und damit über einen der größten Binnenmärkte verfügt.

Nur eine Erneuerung von innen kann dem Markt die in dieser Lage dringend notwendige Kreativität verleihen: Eine Erneuerung, die marktwirtschaftliche Initiative belohnt und neue Technologien in den Bilanzen der Telekommunikations- und Medienunternehmen in klingende Münze umsetzt. Notwendig ist also eine grundlegende strukturelle Veränderung, die über den bisher bekannten Rahmen hinausgeht.

Satellitengestütztes Dienste-Angebot als Vorbild für ein marktwirtschaftlich orientiertes Marktumfeld?

Auf der Suche nach einem Marktumfeld, das dem Idealzustand eines elektronischen Konvergenzmarktes nahe kommt, lohnt es sich, einen genaueren Blick auf die Entwicklung des satellitengestützten Dienste-Angebotes zu werfen.

In Deutschland nutzen bereits 11 Mio. Haushalte einen Satellitenanschluss (das sind 32 Prozent aller TV-Haushalte) für den Empfang von Rundfunkdiensten und können unter 600 gebührenfreien und kostenpflichtigen TV-Programmen auswählen, die in 35 Sprachen ausgestrahlt werden. Mehr also, als jedes deutsche Kabelnetz in der jetzigen Ausbaustufe anbieten kann.

Obwohl der Satellitenanschluss deutlich mehr Programme bietet als ein TV-Kabelanschluss, kostet er weniger – nämlich nichts, sieht man mal von den Erstinvestitionen in die Satelliten-Empfangsanlage ab.

Damit erfüllt der Satellitendienst die wesentlichen Voraussetzungen eines deregulierten Marktumfeldes:

- *Diskriminierungsfreier Zugang der Anbieter*, die kein kompliziertes Rangfolgeverfahren durchlaufen müssen wie im Kabelnetz, sondern lediglich einen Transponder, also Satellitenübertragungskapazität, anmieten müssen.
- *Sicherstellung der Meinungsvielfalt* durch ein Informations- und Unterhaltungsangebot an in- und ausländischen Rundfunkdiensten, das weit über das Angebot des Kabelnetzes oder der terrestrischen Empfangsmöglichkeiten hinausgeht.
- *Freier Wettbewerb elektronischer Kommunikationsdienste*, denn längst lassen sich Satellitenanschlüsse als Internet-Surfstation ausbauen und als Sprach- und Datendienste nutzen, die das Signal vom Kunden zum Netz über einen satellitenbasierten Rückkanal (uplink) transportieren (wie in der Grafik dargestellt).
- *Vertikale Desintegration der Satellitenbetreiber und Dienste-Anbieter*, die Wettbewerbsverzerrungen oder Absprachen entgegenwirken.

Entscheidend ist, dass sich hier ein elektronischer Kommunikationsmarkt entwickelt hat, der – frei von Regulierung – im Ergebnis zu mehr Dienste-Vielfalt und günstigeren Endverbraucherpreisen bei gleichzeitiger Sicherung des Medienpluralismus geführt hat. Das satellitengestützte Dienste-Angebot gewinnt somit Vorbildcharakter für die Neugestaltung alternativer elektronischer Kommunikationsmärkte.

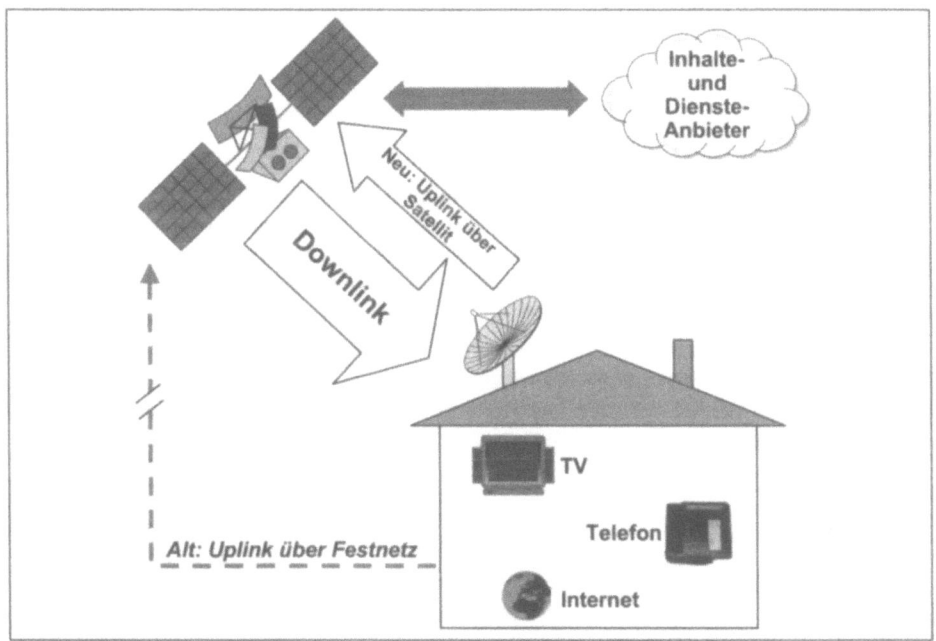

Abbildung 11: Satellitengestützte Übertragung

Die EU hat dies erkannt und am 7. März 2002 eine Rahmenrichtlinie über einen gemeinsamen Rechtsrahmen für elektronische Kommunikationsnetze und -dienste verabschiedet, deren fünf begleitende Einzelrichtlinien verbindliche Vorgaben für alle Mitgliedsstaaten enthalten. Dies ist ein Durchbruch im geltenden Recht: Die Rahmenrichtlinie[2] erkennt die durch die Digitalisierung initiierte Verschmelzung von Telekommunikations-, Medien- und Informationstechnologien an und fordert einen einheitlichen Rechtsrahmen für alle Kommunikationsnetze und -dienste. Sie ist der neue ordnungspolitische Grundstein der technisch längst vollzogenen Konvergenz.

Die Auswirkungen, die diese Rahmenrichtlinie auf die nationale Regulierungspraxis haben, werden uns noch einige Zeit beschäftigen. Sie sollten die Basis bilden für eine grundlegende Erneuerung des TKG, um die dringend notwendigen Wachstumsimpulse für die elektronischen Kommunikationsmärkte freisetzen zu können.

Auf dem Weg zur elektronischen Kommunikationsgesellschaft muss sich Deutschland jetzt entscheiden, ob der bestehende stark fragmentierte Ordnungsrahmen beizubehalten ist und das TKG und die Mediengesetzgebung lediglich fortzuschreiben sind, oder ob

---

[2] nachzulesen unter
http://europa.eu.int/information_society/topics/telecoms/regulatory/new_rf/documents/03672d1.pdf

man dem Reformbedarf Rechnung tragen und dafür sorgen will, dass dieses Land einen neuen Rechtsrahmen erhält, welcher der technischen Konvergenz gerecht wird und als wirklicher Quantensprung der Ordnungspolitik gelten kann. Die für 2003 anstehende Novellierung des TKG bildet den instrumentellen Rahmen für konkrete Maßnahmen zur Umsetzung.

Eine Neuordnung wird auch das Kräfteverhältnis der Marktteilnehmer verändern und wirft die Frage auf, ob zukünftig die Netzbetreiber oder die Inhalte-Anbieter die Marktbedingungen diktieren werden. So stellt sich die Frage, ob der Netzbetreiber eine Gebühr zahlen muss, weil er Content durchleiten darf oder ob der Inhalte-Anbieter eine Gebühr bezahlt, weil er das Netz benutzen darf? Schon jetzt gibt es bei der Beantwortung dieser Fragen ein Kräftemessen im Mobilfunk zwischen den Netzanbietern und den Inhalte-Anbietern. Wer stellt wem was in Rechnung? Und wem „gehört" eigentlich der Kunde? Welche neuen Formen der Regulierung Antwort auf diese Fragen geben können, wird im nächsten Kapitel des Buches detailliert erörtert.

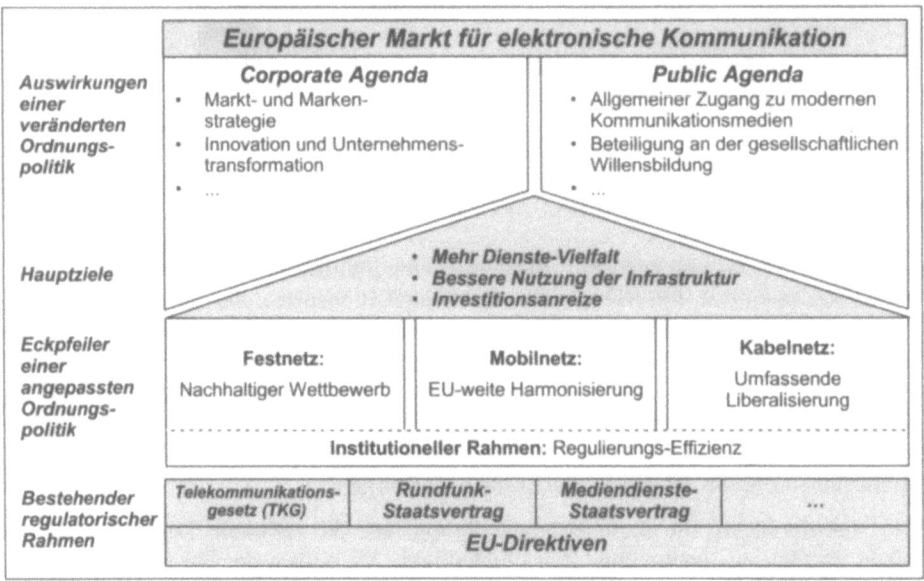

Abbildung 12: Zentrale Themen auf dem Weg zur elektronischen Kommunikation

Dazu wurde im folgenden Kapitel eine Regulierungsagenda formuliert, also die notwendigen ordnungspolitischen Maßnahmen mit dem Ziel, wieder mehr marktwirtschaftliche Kräfte der Telekommunikations- und Medienmärkte freizusetzen und so mehr Dienste-Vielfalt, Investitionsanreize und die bessere Nutzung der bestehenden Infrastruktur zu gewährleisten. Die institutionellen Vertreter der Ordnungspolitik, also die Bundesregierung – vertreten durch das Bundeswirtschaftsministerium (BMWi) und das Kartellamt –

sowie die Länderregierungen – vertreten durch die Landesmedienanstalten – die Regulierungsbehörde sowie die Interessenverbände der Industrie als auch die Industrie selbst sind nun aufgefordert, die Regulierungsagenda zu kommentieren und in einen konstruktiven Dialog einzutreten.

Die Unternehmen sind angesprochen, ihre Strategien auf das sich verändernde Marktumfeld hin zu überprüfen und zu bewerten, welche Auswirkungen eine veränderte Regulierungsagenda auf ihre Stellung im Markt, ihr Produkt- und Dienstleistungsportfolio sowie auf Investitionsentscheidungen und Expansionsstrategien hat. Die Corporate Agenda dieses Buches untersucht den zentralen Handlungsbedarf aus Sicht der jeweiligen Marktteilnehmer und formuliert Szenarien in dem sich verändernden Marktumfeld als Grundlage für eine weiterführende unternehmensinterne und unternehmensübergreifende Auseinandersetzung mit dem Thema.

Die interessierte Öffentlichkeit ist schließlich aufgefordert, die Auswirkungen eines sich verändernden Marktumfeldes zu kommentieren, denn die Öffentlichkeit beziehungsweise die Kunden sind das eigentliche Ziel der Bemühungen. Die Public Agenda dieses Buches beschreibt die Auswirkungen aus gesellschaftspolitischer Sicht und untersucht, welche der Maßnahmen wünschenswert und zielführend im Sinne der Bevölkerung sind.

2. Regulierungsagenda: Marktchancen eröffnen

Die Qualität eines Standortes bestimmt die Marktchancen, die er den Marktteilnehmern und Interessenten bietet. Das technologische Potenzial für einen elektronischen Kommunikationsmarkt ist in Deutschland gegeben, und zur Konvergenz hin entwickelt sich auch der Weltmarkt. Der Kommunikationsmarkt Deutschland befindet sich so gesehen auf dem richtigen Weg. Damit aber das Potenzial des Standortes Deutschland genutzt werden kann, müssen nicht nur das Marktmodell der Unternehmen stimmen, sondern auch der *richtige* Regulierungsrahmen und die geeigneten Bedingungen. Konvergenz ergibt sich im Spannungsfeld der drei Kernmärkte Festnetz, Mobilfunk und Kabelnetz. Von ihrem Wohl und Wehe hängt also ab, ob und wie sich der elektronische Kommunikationsmarkt entfalten kann. Bislang unterliegen diese drei Kernmärkte verschiedenen, sich zum Teil überlagernden Regulierungen und sind deshalb höchst unterschiedlich für den großen elektronischen Kommunikationsmarkt gewappnet.

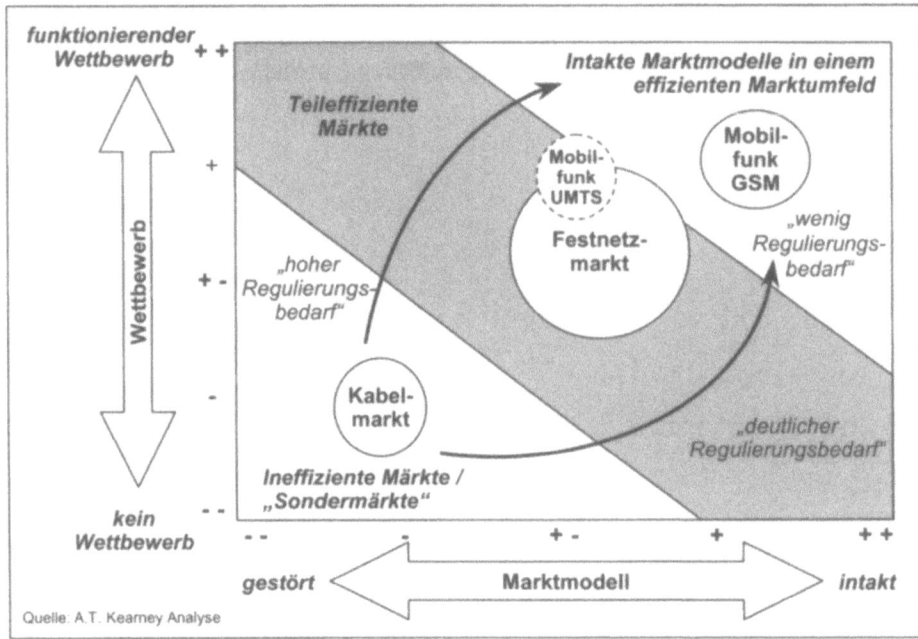

Abbildung 13: Regulierungsbedarf zum Aufbau eines effizienten Marktumfeldes

Die Liberalisierung des Festnetzmarktes führte zu einem in Teilen ruinösen Preiswettbewerb. Es wäre die Aufgabe eines neuen Regulierungsrahmens, den aktuellen Wettbewerb im Festnetz in einen nachhaltigen, d. h., infrastrukturbasierten Wettbewerb zu überführen. Der Weg dorthin führt unter anderem über die Carrier Selection und die Preisfestsetzung in der entbündelten Teilnehmeranschlussleitung (TAL).

Im Kabelnetz existiert derzeit weder ein funktionierender Wettbewerb noch ein intaktes Marktmodell. Dominant ist ein auf die Ordnungspolitik gestütztes Zusammenspiel der verschiedenen Netzbetreiber-Ebenen, mit festgelegten Zahlungsströmen und ohne Wettbewerb auf der Zugangsebene. Im Ergebnis ist der Kabelmarkt ein in sich ruhendes System, das wenig Anreiz bietet, Infrastruktur und Dienste auszubauen. Das Kabelnetz bedarf einer grundlegenden Regulierungsreform, damit das Wirtschaftspotenzial des Marktes ausgeschöpft werden kann.

Der GSM-Mobilfunkmarkt ist hingegen dem ordnungspolitischen Ideal, einem intakten Marktmodell in einem funktionierenden Wettbewerbsumfeld, relativ nahe: In den GSM-Lizenzauflagen ist der Resale institutionalisiert und im diversifizierten Markt verfügt (unter Berücksichtigung der Reseller) kein Wettbewerber über einen Marktanteil von mehr als 25 Prozent. Auf Anbieterseite besteht eine direkte Kundenbeziehung und damit auch die Möglichkeit, Dienstleistungen ohne Umwege abzurechnen sowie das Produkt- und Serviceportfolio den antizipierten Nutzerpräferenzen entsprechend kontinuierlich auszubauen. Aber Regulierungsbedarf besteht auch hier, und zwar nach europaweiter Harmonisierung der Regulierungsbedingungen für Mobilfunk im GSM-Bereich, aber noch viel mehr im UMTS-Bereich. Der deutsche UMTS-Mobilfunkmarkt leidet unter den hohen Lizenzgebühren, welche die wirtschaftliche Entscheidungsfähigkeit der Lizenznehmer erheblich einschränken. Noch bevor der erste UMTS-Kunde gewonnen werden kann, wird es zu einer Konsolidierung der Anbieter kommen. Die GSM-Betreiber könnten ihre Vormachtstellung auch im UMTS-Umfeld weiter ausbauen, was dem Wettbewerb abträglich wäre. Mit einem signifikanten Resale-Wettbewerb ist auch nicht zu rechnen, da eine Verpflichtung zum Resale, wie aus den GSM-Lizenzauflagen bekannt, fehlt. Die EU-weite Harmonisierung der UMTS-Lizenzvergabe und der Lizenzauflagen könnte aber den Wettbewerb ins Rollen bringen.

Um die Kernmärkte also für den konvergierenden Markt flott zu machen, bedarf es unterschiedlicher regulatorischer Maßnahmen. Die mit den Kernmärkten assoziierten Märkte, wie Internet-Access-Markt, Internet- und PayTV-Dienste, können davon nur profitieren. Aber die Vitalisierung der Kernmärkte ist jedenfalls der wichtige erste Schritt auf dem Weg zum prosperierenden Konvergenzstandort Deutschland.

Grundlage für die nachfolgenden Kapitel sind umfangreiche Interviews, die mit relevanten Playern geführt wurden.

Zu den Interview-Partnern zählten im Festnetzgeschäft der deutsche und schweizerische Ex-Monopolist, Reseller (wie Debitel), DSL-Anbieter (wie QSC und HighwayOne), Festnetz-Carrier (wie Arcor) und Regional Carrier wie (EWETel). Im Mobilfunkbereich wurden Gespräche mit E-Plus geführt. Gespräche mit Medienunternehmen wie Axel Springer, Bertelsmann und der KirchGruppe repräsentieren die Sichtweise des Medienmarktes.

Ordnungspolitische Fragestellungen wurden mit Vertretern der Bundesregierung, der Regulierungsbehörde, dem Bundeswirtschaftsministerium und den Vertretern der Landesregierungen erörtert. Einbezogen wurden auch die Meinungen ausländischer Regulierungsbehörden, u. a. die der amerikanischen Federal Communications Commission (FCC), sowie die der österreichischen, schweizerischen und britischen Regulierungsbehörden. Auch die Stellungnahmen zahlreicher Interessenverbände fanden Eingang.

In den nachfolgenden Abschnitten wird der Reformbedarf für jeden Kernmarkt analysiert und diskutiert. Zusätzlich erfolgt eine marktübergreifende Analyse des institutionellen Reformbedarfs. Der Reformbedarf wird aus der Sicht der betroffenen Unternehmen dargestellt, denn sie sind mittel- und langfristig an der Seite der Ordnungspolitik dafür verantwortlich, die dringend notwendigen Wachstumsimpulse für den Telekommunikations- und Medienstandort Deutschland zu schaffen.

Regulatorische Grundsätze der EU

Das Leitbild für eine marktgerechte Regulierung lässt sich aus den Zielsetzungen der neuen EU-Rahmenrichtlinie für elektronische Kommunikationsnetze und -dienste ableiten. Die Rahmenrichtlinie fordert die nationalen Regulierungsbehörden auf, den Wettbewerb bei der Bereitstellung elektronischer Kommunikationsnetze und -dienste sowie zugehöriger Einrichtungen und Dienste zu fördern. Die Behörden haben dabei

– sicherzustellen, dass der Verbraucher größtmögliche Vorteile in Bezug auf Auswahl, Preis und Qualität genießt,

– zu gewährleisten, dass es keine Wettbewerbsverzerrungen oder -beschränkungen im Bereich der elektronischen Kommunikation gibt und

– effiziente Infrastrukturinvestitionen und Innovationen zu fördern.

Die nationalen Regulierungsbehörden sind ferner angehalten, die Entwicklung des Binnenmarktes Europa zu fördern und die Interessen der Bürger der Europäischen Union zu wahren. Die Binnenmarktförderung ist gewährleistet, wenn der diskriminierungsfreie Zugriff und die technische Interoperabilität transeuropäischer Netze möglich sind. Die Bürgerinteressen sind u. a. durch Maßnahmen zur Sicherung des Verbraucherschutzes, des Datenschutzes sowie durch die transparente Darstellung von Tarifen und Nutzungsbedingungen für öffentlich zugängliche Kommunikationsnetze und -dienste zu wahren.

Neu ist, dass mit Inkrafttreten der EU-Rahmenrichtlinie die bestehenden Regelungen der jeweiligen Regulierungsbehörden auf nationaler Ebene zu überprüfen sind. Betrachtet man jedoch die zwei Kernmärkte Festnetz und GSM-Mobilfunk, so erkennt man schnell, dass viele dieser Vorgaben bereits direkt oder indirekt in den bestehenden Ordnungsrahmen eingeflossen sind und deshalb in diesen Märkten kein grundlegender Reformbedarf, wohl aber Optimierungsbedarf besteht. Ein völlig anderes Bild ergibt sich, wenn man die politischen Ziele und regulatorischen Grundsätze der EU-Rahmenrichtlinie auf den Kabelmarkt bzw. auf andere elektronische Medienmärkte anwendet. Gerade hier scheinen die „größtmöglichen Vorteile in Bezug auf Auswahl, Preis und Qualität" bei weitem noch nicht ausgeschöpft zu sein. Die EU-Rahmenrichtlinie beinhaltet für den Kabelmarkt folglich einige Sprengkraft. Wir dürfen gespannt sein, ob sich die zuständigen Institutionen, insbesondere die Landesmedienanstalten und das Kartellamt der neuen Herausforderung stellen oder ob der Reformwille halbherzig im Sande versiegt.

Übersetzung der EU-Leitbilder in eine marktgerechte, nationale Ordnungspolitik

Drei Leitbilder lassen sich aus der EU-Rahmenrichtlinie ableiten. An ihnen hat sich die zukünftige nationale Ordnungspolitik für die Teilmärkte Festnetz, Mobilfunk und Kabel und schließlich auch die institutionelle Ausgestaltung der Ordnungspolitik grundsätzlich zu orientieren.

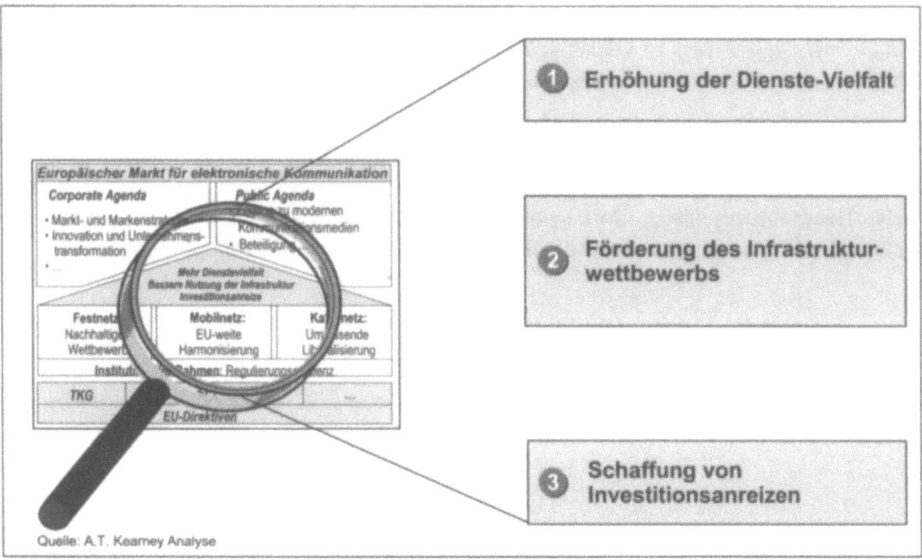

Abbildung 14: Leitbilder für die Novellierung des bestehenden Ordnungsrahmens

Erhöhung der Dienste-Vielfalt: Diese Zielsetzung ist bereits Bestandteil des Zielsystems des TKG, hat aber auf Grund der fortschreitenden Konvergenz elektronischer Kommunikationsdienste und -netze nicht an Aktualität verloren. Im Festnetz zielt die Förderung der Dienste-Vielfalt darauf ab, den Wettbewerb im höherwertigen Segment der Dienste zur Sprach- und Datenübertragung zu unterstützen und so den reinen Preiswettbewerb mit den leicht imitierbaren Basisdiensten der Festnetztelefonie, wie Call-by-Call und

Pre-Selection, zu verlassen. Basisdienste hingegen lassen sich nur über einen günstigeren Preis von den Konkurrenzangeboten unterscheiden. Die Konkurrenz um höherwertige Dienste lässt mehr Raum für Produktdifferenzierungen und bereitet den Boden für nachhaltigen Wettbewerb. Anreize für die Entwicklung höherwertiger Dienste sollten aus diesem Grund konsequent gefördert werden.

Förderung des Infrastrukturwettbewerbs: Hier geht es darum, alle vorhandenen Netzplattformen zu elektronischen Kommunikationsnetzen aufzurüsten und damit Infrastrukturalternativen zum Festnetz zu schaffen. Der Ausbau dieser Netze intensiviert den Dienste-Wettbewerb und die Anzahl der möglichen elektronischen Distributionswege über verschiedene gleichwertige Infrastrukturen. Für den Dienste-Anbieter entsteht damit auch die Möglichkeit, ein- und denselben Sprach- oder Datendienst netzübergreifend über unterschiedliche, aber kompatible Infrastrukturen zu transportieren.

Schaffung von Investitionsanreizen: Dieses Ziel hat nicht nur finanziellen Charakter, sondern enthält auch die Forderung, privaten Investoren im investitionsintensiven Telekommunikations- und Medienmarkt so viele strategische Freiräume wie möglich einzuräumen. Von Vorteil wäre es, die Markteintrittsbarrieren für Investoren zu senken und einen Ordnungsrahmen zu schaffen, der den Unternehmen eine langfristige Planungssicherheit sowie verbesserten Investitionsschutz bietet.

Insgesamt handelt es sich also um Leitbilder, die den marktwirtschaftlichen Handlungsspielraum vergrößern sollen, denn im Zweifelsfall sollte sich die Regulierung der Marktwirtschaft unterordnen und nicht umgekehrt. Dennoch findet der marktwirtschaftliche Handlungsspielraum dort seine Grenzen, wo u. a. die Rechtsstaatlichkeit, der Schutz der Bürgerinteressen und die Sicherung der Meinungsvielfalt gefährdet sind.

2.1 Nachhaltiger Wettbewerb im Festnetz

1996 verabschiedete der Bundestag das Telekommunikationsgesetz mit der Zielsetzung, in einem bis dato monopolistischen Festnetzmarkt Wettbewerb zu schaffen. Stellt man die in den 90er Jahren geäußerten Erwartungen an das Gesetz mit dem tatsächlichen Stand der Liberalisierung von heute gegenüber, so wird deutlich, dass das bestehende Regulierungsmodell seine Ziele teilweise nicht erreichen konnte. Die detaillierte Analyse der Regulierungserfolge unterscheidet zwischen dem Fernnetz und dem Ortsnetz.

Wechsel vom preis- zum infrastrukturbasierten Wettbewerb im Fernnetz

Im Fernnetz gilt die Hauptkritik dem derzeitigen ordnungspolitischen Rahmen der Qualität des Wettbewerbs, die mit ihm geschaffen wurde. In Folge des TKG entstand ein heftiger Preiswettbewerb zum Vorteil der Verbraucher, die von einer schnellen Senkung der Verbraucherpreise profitierten. Mit der Einführung von „Call-by-Call" und „Pre-Selection" im Fernverkehr wurden Preissenkungen um bis zu 80 Prozent erreicht.

So vorteilhaft diese Entwicklung für den Verbraucher auch war, so nachteilig erwies sie sich für den Standort Deutschland. Mit dieser Art des Wettbewerbs der Preise wurden keine Anreize für einen infrastrukturbasierten Wettbewerb im Festnetz geschaffen. Das Ergebnis ist uns allen bekannt: Von den vielen neuen Telefongesellschaften, wie Teldafax, Otelo, Thyssen Telecom und RWE Telliance, sind nur wenige Unternehmen, wie Arcor, übrig geblieben. Den Rest hat der gnadenlose Preiswettbewerb dahingerafft.

Umgekehrt haben Unternehmen, wie COLT Telecom und einige Regional-Carrier, frühzeitig auf den Aufbau eigener Infrastruktur gesetzt und sich darauf spezialisiert, hochprofitable Business-Segmente zu bedienen. Auch haben es einige wenige Anbieter verstanden, im Festnetz einen ausreichenden Mehrwert zu schaffen und sich so dem Preiswettbewerb zu entziehen. Einige City Carrier entwarfen mutig einen neuen Produkt-Mix, um sich wirkungsvoll vom Angebot des Marktführers abzusetzen. Allerdings haben sich die entsprechenden Angebote bisher nur in ausgewählten Regionen etablieren können.

Die flächendeckende Entwicklung attraktiver Mehrwertdienste im Wettbewerb zur Deutschen Telekom ist allerdings ausgeblieben. Im Gegenteil – die Deutsche Telekom konnte durch geschicktes Produkt-Bundling ihre Vormachtstellung und ihren Vorsprung zum Wettbewerb weiter ausbauen. Hier gilt, wie auch in nachfolgenden Beispielen, dass die DTAG, wie jedes marktwirtschaftlich orientierte Unternehmen, darum bemüht ist, ihre Ressourcen am Markt gewinnbringend einzusetzen. Das Beispiel DSL macht allerdings deutlich, dass sich dieses Vorgehen wettbewerbsökonomisch negativ auswirkt und in der Konsequenz dazu führt, dass die Deutsche Telekom heute mehr als 90 Prozent Marktanteil bei DSL-Anschlüssen für Endverbraucher erreicht hat.

Summa summarum war es keinem der Wettbewerber möglich, der Deutschen Telekom den guten Platz im Fernnetz streitig zu machen. In Deutschland erreichten die Wettbewerber der Deutschen Telekom ca. 40 Prozent des Fernverkehrs und ca. 20 Prozent des Gesamtmarktes. Damit liegt Deutschland zwar mit Ländern wie Großbritannien an der Spitze (vom Sonderfall Finnland einmal abgesehen), jedoch reicht eine solche Verteilung der Marktanteile nicht aus, um von einem homogenen Wettbewerbsumfeld sprechen zu können. Ein homogenes Umfeld bildet zum Beispiel der GSM-Mobilfunk, in dem keiner der Anbieter (einschließlich der Reseller) einen Marktanteil von mehr als 25 Prozent besitzt. So hat es die Deutsche Telekom verstanden, sich seit der Gültigkeit des TKG in ein modernes Dienstleistungsunternehmen mit einem Marktanteil von über 75 Prozent in der Sprachtelefonie zu verwandeln und sich auf die Bedürfnisse ihrer Kunden einzustellen. Dabei nimmt sie jedoch eine Erosion des Preisniveaus für Sprachtelefonie in Kauf. Die Deutsche Telekom hat es aber auch verstanden, ihre Interessen im politischen Raum entsprechend zu vertreten. Eine Tatsache, welche die Lernfähigkeit und den Erfolgswillen der Deutschen Telekom zeigt, da das Unternehmen, wie man es von einem börsennotierten Unternehmen erwartet, gewinnwirtschaftliche Interessen allem vorangestellt und durchgesetzt hat.

Die Kritik gilt also nicht nur der Deutschen Telekom, die man allerdings zu ihrer Lernkurve und ihrem gelungenen Transformationsprozess in ein modernes Dienstleistungsunternehmen nur beglückwünschen kann. Sondern die Kritik gilt insbesondere der Fehlentwicklung des Telekommunikationsmarktes seit Bestehen des TKG, die sich europaweit ausmachen lässt. Man sollte deshalb nicht mit dem Finger allein auf die deutsche Telekommunikationspolitik zeigen. In keinem Mitgliedsland der EU – mit Ausnahme von Finnland – konnten bislang im Bereich der festnetzbasierten Sprachtelefonie die Stellungen der nationalen Ex-Monopolisten wirklich gefährdet werden.

Einführung von Wettbewerb im Ortsnetz

Im Ortsnetz gibt es heute noch keinen hinreichenden infrastrukturbasierten Wettbewerb um Privatkunden, Klein- und Mittelstandsunternehmen, obwohl die Anzahl der alternativen Teilnehmeranschlussleitungen (kurz TAL) höher ist als in jedem anderen EU-Mitgliedsland. Wo sollte dieser Wettbewerb auch herkommen? Die Deutsche Telekom hat nach wie vor das Leitungsmonopol inne und verfügt damit über den einzigen drahtgebundenen Zugang zum Kunden. Dieser Zugang, die TAL, steht den Wettbewerbern der Deutschen Telekom mittlerweile zu einem von der Regulierungsbehörde festgesetzten monatlichen Mietpreis, dem TAL-Preis, zur Verfügung. Die Höhe des TAL-Preises wird von der Regulierungsbehörde in einem komplizierten und langwierigen Verfahren festgesetzt und liegt derzeit bei 12,48 Euro (Stand 03/2001). Für die Wettbewerber ist die Möglichkeit, auf die TAL zuzugreifen, zwar ein Fortschritt, der aber durch die unattraktive Höhe der TAL wesentlich geschmälert wird.

Um den Wettbewerb im Ortsnetz zu aktivieren und so das Ortsnetzmonopol der Deutschen Telekom zu brechen, sollte der Ausbau alternativer Infrastruktur gefördert werden.

Ein solcher Versuch ist mit der Einführung von WLL unternommen worden, aber letztendlich an den harten Lizenzvergabebedingungen und der kostenintensiven Technologie gescheitert. Der Ausbau des Kabelnetzes wäre eine weitere (und wahrscheinlich letzte) Chance, das Ziel einer leitungsgebundenen Alternative zu erreichen.

Um die Situation im Ortsnetz zu liberalisieren, sind zwei Alternativen denkbar. Dies ist zum einen die Einführung von Pre-Selection und Call-by-Call im Ortsnetz, so wie bereits aus dem Fernnetz bekannt. Zum anderen bietet sich die Regionalisierung der TAL-Preise an, die den Ortsnetzmarkt in nicht-ländlichen Gebieten stimulieren könnte.

Carrier Selection im Ortsnetz

Geht es nach dem Willen der EU, so ist die Entscheidung schon gefallen. Danach wird die nationale Ordnungspolitik aufgefordert, Carrier Selection im Ortsnetz nach dem Vorbild der Carrier Selection im Fernnetz (Call-by-Call und Pre-Selection) einzuführen. Eine solche Entscheidung ist in Deutschland sehr umstritten, denn der Erfolg der Carrier Selection im Ortsnetz ist fraglich: So würden in vielen Fällen die Carrier Selection-Anrufe über die Teilnetze der Regional-Carrier geführt, und eine direkte Weiterschaltung innerhalb des Ortsnetzes wäre dann nicht möglich. Diese Umleitung erzeugt insgesamt mehr Traffic auf dem Netz, aber keineswegs höhere Umsätze. Zudem verstößt die Carrier Selection gegen die Interessen der City- und Regional-Carrier, die gerade durch den Aufbau eigener Infrastruktur in Deutschland einen wesentlichen Beitrag für die Schaffung eines nachhaltigen Wettbewerbs geleistet haben und deren Investitionen in lokale Infrastrukturen ihren Wert verlieren würden. Darüber hinaus führt eine Entscheidung für Carrier Selection wieder zu mehr Preis- und weniger Infrastrukturwettbewerb. Eine solche Entwicklung ist bereits aus dem Fernnetz bekannt und hat bis heute zum oft aussichtslosen Überlebenskampf vieler kleinerer und mittlerer Anbieter geführt, die unter den gegebenen Voraussetzungen langfristig nicht die Vormachtstellung der Deutschen Telekom aufbrechen können.

Regionalisierung der Teilnehmeranschlussleitung (TAL)

Grundlage für die wettbewerbshemmenden TAL-Preise ist zum einen deren Berechnungsgrundlage und zum anderen die bundeseinheitliche Preisfestsetzung. Die Preisfestsetzung geht auf den Grundsatz der Tarifeinheit im Raum zurück – eine stillschweigende, d. h., nicht gesetzlich fixierte Übereinkunft, die Grundgebühr für einen Telefonanschluss bundesweit zu einem einheitlichen Preis festzusetzen.

Die RegTP kalkuliert den TAL-Preis auf der Basis der Wiederbeschaffungskosten, also auf der Basis der Preise für die Bereitstellung der Leitungen (Kanalschächte und Verlegen der Leitungen) und der Finanzierungskosten. Als Kalkulationsgrundlage wird eine durchschnittliche Entfernung von ca. zwei Kilometern zwischen der Anschlussstelle (dem Haushalt) und der nächstgelegenen Ortsvermittlungsstelle zu Grunde gelegt. In Wirklichkeit ist diese Entfernung je nach Bevölkerungsdichte und topografischen Bedingungen sehr unterschiedlich, ein Umstand, der im Berechnungsmodell unberücksichtigt bleibt. Die so kalkulierten Beschaffungskosten werden auf eine monatliche Miete hochgerechnet, der wiederum ein Abschreibungszeitraum von 20 Jahren für Kabel und 35 Jahren für Kabelkanalanlagen mit einem relativ geringen kalkulatorischen Zins zu Grunde liegt. Aus diesen Berechnungen ergibt sich ein bundesweit einheitlicher und durchschnittlicher TAL-Preis von heute 12,48 Euro. In der Praxis hat ein Wettbewerber der Deutschen Telekom zur Anbindung eines Kunden in der Großstadt genau den gleichen (TAL-)Preis zu bezahlen wie für die Anbindung eines entlegenen Anschlusses irgendwo auf dem Land.

Obwohl es Ziel der RegTP ist, den Wettbewerb zu fördern, wird der bundesweite TAL-Durchschnittsmietpreis den wettbewerblichen Erfordernissen nicht gerecht. Rein marktwirtschaftlich betrachtet führt die Festlegung eines Durchschnittspreises zu Wettbewerbsverzerrungen bei der Preisfestsetzung und reflektiert nicht das tatsächliche Kostengefüge.

Unternehmen, die im Wettbewerb zur Deutschen Telekom stehen und sich bemühen, auf Basis der TAL im Ortsnetzbereich eine konkurrenzfähige Alternative zu analogen und ISDN-Anschlüssen zu schaffen, leiden unter diesen Wettbewerbsverzerrungen. Gerade in den Stadtgebieten entspricht die Entfernung des Teilnehmeranschlusses zum nächsten Ortsnetzknoten nur ca. 10 Prozent der bundesweiten Durchschnittslänge. Deshalb ist es den Wettbewerbern der Deutschen Telekom kaum möglich, Festnetzanschlüsse zu rentablen Bedingungen wirtschaftlich zu betreiben.

Dabei könnte die Regionalisierung der TAL-Preise für die Mehrheit der Deutschen positive Auswirkungen haben. Schließlich wohnen 75 Prozent der deutschen Bevölkerung auf knapp 20 Prozent der Fläche Deutschlands mit einer Bevölkerungsdichte von mehr als 200 Einwohnern pro m^2 (urbane und suburbane Gebiete), und gerade in diesem Gebiet würde die Regionalisierung der TAL den Ortsnetzwettbewerb stimulieren.

Und wie steht es um die restlichen 21 Mio. Einwohner, die auf den restlichen 80 Prozent der Fläche Deutschlands leben? Gilt für diesen Teil der Bevölkerung nach einer Regionalisierung der TAL, dass eine Taxifahrt zur nächsten Telefonzelle günstiger wird als die monatliche Grundgebühr eines Festnetzanschlusses? Grundsätzlich ist bei Regionalisierung der TAL mit einer Verteuerung der monatlichen Grundgebühr zu rechnen. Diese Verteuerung würde aber dem tatsächlichen Kostengefüge Rechnung tragen und damit marktwirtschaftlichen Grundsätzen entsprechen. Eine Bestimmung zur Preisfestlegung könnte die Regionalisierung flankieren, damit die monatliche Grundgebühr der gesetzlichen Bestimmung eines „erschwinglichen Preises" gerecht wird. Alternativ sind auch Maßnahmen denkbar, die den Ausbau funkgestützter Infrastruktur wie UMTS und WLL in ländlichen Gebieten gezielt fördern und so zu einer flächendeckenden Versorgung der ländlichen Bevölkerung mit mobiler Breitband-Netzversorgung in Ergänzung zum Festnetzanschluss beitragen.

Verzicht auf Ex-ante-Preisregulierung durch die Institutionalisierung von Resale

In diesem Abschnitt werden die Auswirkungen einer Institutionalisierung, also einer gesetzlichen Verankerung von Resale im Festnetz, diskutiert, um einen Weg aufzuzeigen, den Marktführer Deutsche Telekom aus der Ex-ante-Preisregulierung entlassen zu können und dem Wettbewerbsumfeld gleichzeitig Wachstumsimpulse zu bieten. Dazu werden die positiven Effekte der bisherigen Resale-Aktivitäten untersucht und auf ihre Anwendbarkeit im Festnetz hin bewertet.

Unter Resale werden Geschäftsaktivitäten verstanden, die sich mit dem Weiterverkauf von so genannten Vorprodukten der Telekommunikation beschäftigen. Bezogen auf das Festnetz sind dies in der Regel Sprach- und Datendienste bzw. Übertragungskapazitäten, die zu Rabatt- bzw. Großhandelspreisen beim Netzbetreiber oder bei Zwischenhändlern erworben und anschließend an den Endkunden (Privat- oder Geschäftskunden) veräußert werden. Der Preis der Vorprodukte ist genehmigungspflichtig. Die Deutsche Telekom ist als marktbeherrschendes Unternehmen verpflichtet, sich sämtliche Entgelte genehmigen zu lassen, *bevor* sie das Produkt an Reseller weiterverkaufen kann. Man spricht in diesem Zusammenhang von der Ex-ante-Preisregulierung.

Die Institutionalisierung des Resale unterstützt den Einstieg weiterer Wettbewerber in den Markt. Damit ist die Voraussetzung für ein funktionierendes Wettbewerbsumfeld geschaffen und dies ist wiederum die Grundlage für die Aufgabe der Ex-ante-Preisregulierung und ihre Überführung in eine Missbrauchskontrolle.

Im Resale sind grundsätzlich drei Geschäftsmodelle voneinander zu unterscheiden:

Service Provider (Switchless Reseller): Darunter werden Dienste-Anbieter verstanden, die keine eigene Netzinfrastruktur und keine dazugehörigen Vermittlungseinheiten (switches) betreiben, sondern sich auf den Wiederverkauf von Netzdienstleitungen spezialisieren.

Enhanced Service Provider (Switch-based Reseller): Enhanced Service Provider sind Dienste-Anbieter, die eigene Vermittlungseinheiten betreiben und deshalb in der Lage sind, auf die Konfiguration von Diensten wie die Abrechnung oder die Taktung der Gesprächseinheiten einzuwirken.

Virtual Network Operator: Hierbei handelt es sich um Dienste-Anbieter, die am Markt als virtuelle Dienste-Betreiber und Netzbetreiber mit eigenem Namen auftreten und auf eigene Rechnung arbeiten. Technisch betrachtet sind Virtual Network Operator zwar noch Reseller, werden aber vom Markt bereits als eigenständige Netzbetreiber wahrgenommen.

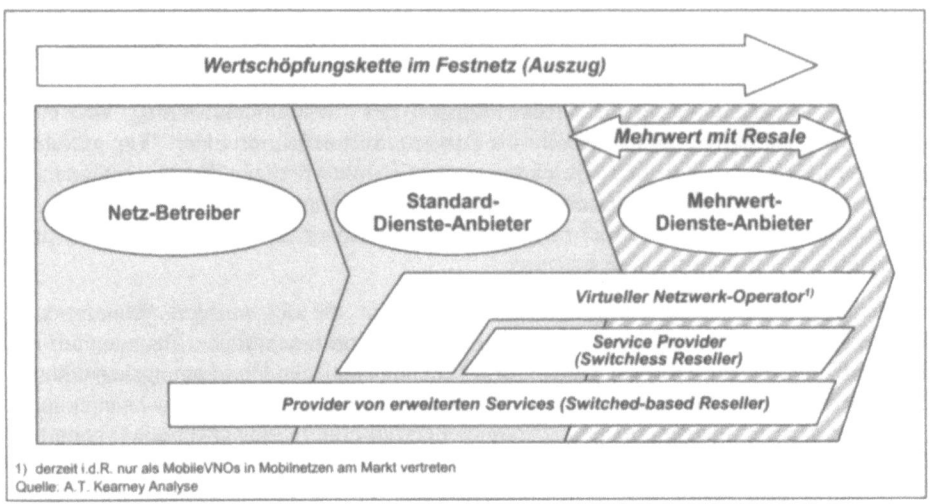

Abbildung 15: Resale-Geschäftsmodelle in der Festnetz-Wertschöpfung

Unabhängig vom Geschäftsmodell hat sich Resale in der Vergangenheit grundsätzlich positiv auf die Entwicklung des Wettbewerbs ausgewirkt.

Resale als Initialzündung für Preissenkungen:

Gerade im Festnetz haben Reseller zu Preissenkungen bei nationalen und internationalen Telefongesprächen beigetragen und so wertvolle Impulse zur Stimulierung des Marktes und zum Wohl des Verbrauchers gegeben. Switch-based Reseller wie MobilCom, Tele2 oder TelDaFax haben dazu einen wesentlichen Beitrag geleistet. Die Spannbreite der vermarkteten Telefondienste erstreckte sich bei den Resellern vor allem auf kommerzielle Basisdienste der Festnetztelefonie wie Call-by-Call- und Pre-Selection, mit wenigen Ausnahmen auch auf Mehrwertdienste (Service 0800/0900-Nummern), die von Unternehmen wie CompuTel angeboten werden.

Resale zur Förderung infrastrukturbasierten Wettbewerbs:

In der amerikanischen Ordnungspolitik für den nationalen Telekommunikationsmarkt fand eine intensive Auseinandersetzung mit Resale statt, die in die gesetzliche Festlegung des Resale im Jahr 1996 mündete und schließlich zur Förderung des infrastrukturbasierten Wettbewerbs führte. Der US Telecommunications Act von 1996 regelt die Entmonopolisierung des Ortsnetzverkehrs und verpflichtet die Netzbetreiber, ihr Dienste-Angebot für den Wiederverkauf verbindlich zu öffnen. Umzusetzen ist die Verpflichtung zu Großhandelsrabatten. Der Großhandelsrabatt für das Resale-Geschäft errechnet sich aus dem Endkundenpreis abzüglich aller Kosten für Marketing, Rechnungserstellung und Inkasso, der Kosten also, die der Netzbetreiber mit der Quasi-Übernahme der Wertschöpfungsaktivitäten durch den Reseller vermeidet. Diese Kalkulationsart wird allgemein als Retail-Minus-Verfahren bezeichnet – im Gegenzug zum Cost-Plus-Verfahren, das den Preis auf Grund der tatsächlichen Kostenstruktur kalkuliert und dann mit einem Aufschlag versieht.

Die Resale-Regulierung ist in den USA auch für Unternehmen ohne signifikante Marktmacht ordnungspolitisch verankert. Sie erstreckt sich auf das Dienste-Portfolio aller potenziellen Vorproduktlieferanten. Der Reseller hat ein gesetzlich verankertes Recht (Kontrahierungszwang) darauf, die Vorprodukte zu einem Retail-Minus-Preis einzukaufen.

Wie erfolgreich der Kontrahierungszwang für die Entwicklung des Resale-Geschäfts in den USA ist, zeigt die wachsende Zahl der Reseller. Laut Carrier Locator Report der Federal Communications Commission ist im liberalisierten Fernverbindungsbereich die Zahl der Unternehmen von 162 im Jahr 1993 auf 576 im Jahr 2000 angewachsen (jährliche Wachstumsrate knapp 20 Prozent):

	1993	1994	1995	1996	1997	1998	1999	2000	CAGR
Anzahl Reseller Jahresbeginn	162	206	260	339	340	288	454	576	19,87%
Veränderungen/ Marktaustritte im Jahresverlauf									
• Weiterentwicklung zum Netzbetreiber	5	5	22	12	14	0	19	–	
• Insolvenzen, Übernahmen, Sonstiges	30	30	37	98	88	68	56	–	
Markteintritte im Jahresverlauf	79	89	138	111	150	154	197	–	

Quelle: A.T. Kearney Analyse

Abbildung 16: Entwicklung des Toll-Reseller-Marktes in den USA

Dabei trat eine Vielzahl der Unternehmen als Reseller mit einem begrenzten Angebot preisgünstiger Basisdienste in den Markt ein, um die Barriere von Netzinfrastrukturinvestitionen zu umgehen. Mittel- bis langfristig wuchsen die Neulinge aber nach der Aneignung von Vertriebsressourcen und -kompetenzen und dem Aufbau eines ersten Kundenstammes aus dem Geschäftsmodell des Switch-Based Resellers heraus und in die Rolle des Netzbetreibers hinein. In dieser Rolle betrieben sie dann eigenständig Übertragungsleitungen, Vermittlungsstellen und intelligente Netzplattformen. Dieser Schritt hat es ihnen auch ermöglicht, höherwertige Sprach- und Datendienste bereitzustellen. Kurz: Sie können einen signifikanten Mehrwert im Hinblick auf den Aufbau eines nachhaltigen infrastrukturbasierten Wettbewerbsvorteils schaffen.

Das Fallbeispiel USA zeigt, dass Resale im Festnetzgeschäft mittelfristig zu infrastrukturbasiertem Wettbewerb führen kann und dass die Festlegung des Kontrahierungszwangs für Netzbetreiber zur Verbesserung der Wettbewerbsqualität beiträgt. Obwohl das amerikanische Regulierungskonzept vom europäischen abweicht, kann es grundsätzlich als Indikator für die positive Wirkung von Resale auch für den europäischen Markt gewertet werden, da die getroffenen Regelungen zu einer kontinuierlichen Zunahme der Wettbewerber in diesem Markt geführt haben.

Resale als effizientes Mittel zur beschleunigten Marktdurchdringung:

Der deutschen Regulierung ist Resale vor allem aus dem Mobilfunk bekannt. So hat in den 90er Jahren eine Klausel in die Lizenzbestimmungen der GSM-Mobilfunklizenz für D1, D2 und E1 Eingang gefunden, welche die Lizenznehmer zur vertrieblichen Zusammenarbeit mit Resellern verpflichtet. Dieser Kontrahierungszwang hat dem Resale den Weg freigemacht.

So halfen die Reseller, den Mobilfunkmarkt schnell zu erschließen und zu durchdringen. Die Reseller debitel, D-Plus (ehemals TMG), Drillisch, Hutchison, MobilCom und Talkline waren mit ihren Resale-Aktivitäten in Deutschland maßgeblich daran beteiligt. Während zu Beginn des Jahres 1994 lediglich 2 Prozent der Einwohner über ein Mobilfunktelefon verfügten, waren vier Jahre später schon 10 Prozent der Einwohner mit Mobiltelefon ausgestattet.

Der Resale förderte dabei den Wettbewerb sowohl im Einzelhandel als auch im Großhandel des Mobilfunks und beeinträchtigt weder Infrastrukturinvestitionen noch den Dienste-Wettbewerb, im Gegenteil: Er eröffnet beiden Entwicklungschancen.

Zusammenfassend kann also festgehalten werden, dass sich Resale als Initialzündung für Preissenkungen, zur Förderung infrastrukturbasierten Wettbewerbs und als ein effizientes Mittel zur beschleunigten Marktdurchdringung erwiesen hat und damit die Entwicklung der Dienste-Vielfalt fördert. Warum sollte also das Potenzial, das in diesem Geschäftsmodell steckt, nicht institutionalisiert werden und als allgemeiner marktsegmentübergreifender Rechtsbegriff in die Regulierungsagenda aufgenommen werden? Die Institutionalisierung von Resale würde bei den Marktteilnehmern mehr Rechtssicherheit schaffen und damit letztendlich auch zeitaufwendige Gerichtsverfahren vermeiden. Die Institutionalisierung von Resale verhilft darüber hinaus den Marktteilnehmern zu mehr Planungssicherheit bei der Erstellung ihrer Geschäftsstrategie.

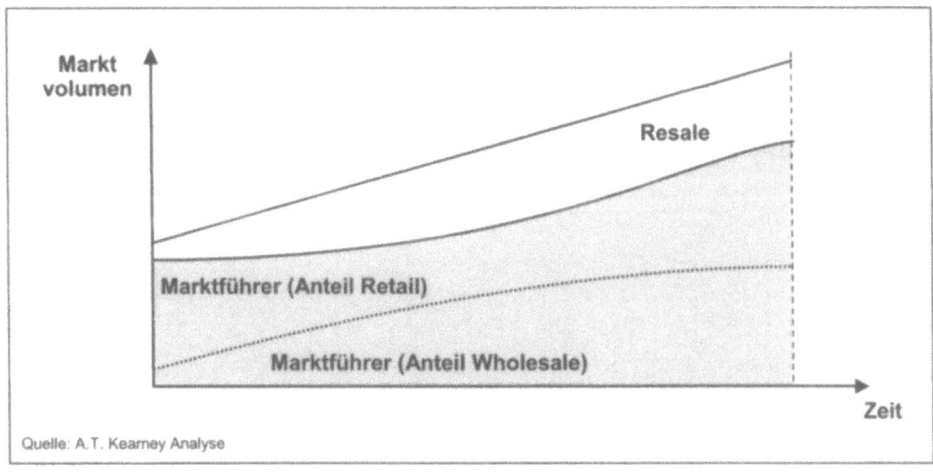

Abbildung 17: Strukturelle Wettbewerbsentwicklung bei institutionalisiertem Resale (schematische Darstellung)

Für die Institutionalisierung des Resale sollte ein Katalog entworfen werden, der die wesentlichen standardisierten Resale-Vorprodukte auflistet und durch die Regulierungsbehörde zu pflegen wäre. Als Standards sind vor allem die Basisdienste zu identifizieren, die ein Reseller zur flexiblen Gestaltung von Bündelprodukten aus verschiedenen, konvergierenden Telekommunikations- und Medienmärkten nachfragen kann. Ein solches Grundangebot von Resale-Vorprodukten könnte z. B. Leistungselemente des Teilnehmeranschlusses, die Festnetz-Sprachverbindung im entbündelten Ortsnetz, Airtime im Mobilfunkmarkt sowie den Zugang zu netzseitigen Informationen enthalten. Als Gegenleistung zum Resale-Gebot müsste die Regulierungsbehörde Vorkehrungen treffen, um die Deutsche Telekom aus der Ex-ante-Preisregulierung zu entlassen.

Die Ordnungspolitik sollte auch die Berechnungsmethode zur Preisfindung der Resale-Vorleistungsprodukte verbindlich festschreiben, um so die bilateralen Verhandlungen über Preise für Resale-Vorprodukte zu vereinfachen. Prinzipiell könnte das in den USA angewandte Verfahren für die Bestimmung von inkrementellen Kosten im Vertrieb und Kundendienst (Retail-Minus-Methode) zu Grunde gelegt werden. In einem Referenzmodell sollten dann die Kosten zur Berechnung der Großhandelsmarge hinzugezogen werden, die der Netzbetreiber mit seinem vollständigen Rückzug aus dem Endkundengeschäft vermeiden würde.

In Deutschland kommt zur Zeit nur die „Cost-Plus-Methode", z. B. bei der Berechnung der TAL-Preise, zur Anwendung, nicht aber die Retail-Minus-Methode. Obwohl die Cost-Plus-Methode die genauere Methode zur Preisfindung ist, zeigt die Praxis, dass sie zu Vorleistungspreisen führen kann, die das tatsächliche Marktgefüge nicht ausreichend widerspiegeln und somit nicht der Marktrealität entsprechen. Die Retail-Minus-Methode bildet die einfachere Berechnungsmethode und ermöglicht es dem Regulierer, das Preisniveau stärker an den tatsächlichen Marktgegebenheiten zu orientieren. Allerdings legt die Retail-Minus-Methode auch mehr Verantwortung in die Hand des Regulierers, denn er entscheidet durch die Festlegung der Höhe des Abschlags („Retail *Minus*"), wie attraktiv das Resale-Geschäftsmodell tatsächlich ist.

2.2 EU-weite Harmonisierung und Optimierung der Lizenzvergabepraxis im Mobilfunk

Der Mobilfunkmarkt basiert auf der Lizenzierung von Funkfrequenzen durch den Staat; erst mit dem Erwerb einer Lizenz können Anbieter Telekommunikations- und Mediendienste bereitstellen. Der Staat lizenziert Funkfrequenzen aber nicht erst, seitdem es GSM oder UMTS gibt, sondern vergibt diese Erlaubnis seit vielen Jahren, so zum Beispiel auch zur Verbreitung von Rundfunksignalen (Broadcast). Obwohl die altbewährte Zimmerantenne bei vielen Menschen fast in Vergessenheit geraten ist und nicht einmal 10 Prozent der Bevölkerung diese für den Fernsehempfang nutzen, werden nach wie vor Funkfrequenzen zur Ausstrahlung der öffentlich-rechtlichen und privaten Fernsehsender bereitgestellt.

> **Was sind Frequenzen?**
>
> Frequenzen sind elektrische Schwingungen, die sich in einer charakteristischen Wellenform auf einem Leitungsträger ausbreiten. Ein Leitungsträger kann drahtgebunden oder drahtlos sein. Auf einem Leitungsträger kommt eine Frequenz nur einmal vor. Durch den Einsatz von Kodierverfahren lassen sich unterschiedliche Datenmengen pro Frequenzeinheit und Leitungsträger übertragen.
>
> Bei der drahtgebundenen Übertragung kann die maximale Übertragungskapazität durch Einsatz weiterer Kabel beliebig vervielfältigt werden. Die Anzahl der im Einsatz befindlichen Kabel ist allein aus wirtschaftlichen Gründen begrenzt.
>
> Bei der drahtlosen Übertragung ist die maximale Übertragungskapazität durch den Luftraum beschränkt. Da dieser nicht vervielfältigt werden kann, ist die drahtlose, also funkgestützte Übertragung als knappe Ressource zu betrachten. Die Vergabe der Funkfrequenzen im Luftraum obliegt dem Staat. So gibt es Frequenzbereiche, die für die Übertragung von Fernsehsignalen bestimmt sind (terrestrischer Broadcast); andere Frequenzbereiche sind der Flugsicherung vorbehalten und weitere Frequenzbereiche der Mobilkommunikation (GSM-Netze, UMTS-Netze) und militärischen Zwecken.

Die staatlichen Vergaberichtlinien für Funkfrequenzen müssen wettbewerbsökonomische, medienpolitische und hoheitliche Interessen berücksichtigen. Der Staat hat – vertreten durch die Regulierungsbehörde – Funkfrequenzen mit dem Ziel lizenziert, Markt und Wettbewerb zu schaffen. Prominente Beispiele für den Versuch einer wettbewerbsfördernden Lizenzierung sind der GSM-basierte Mobilfunk oder die Lizenzierung des Wireless-Local-Loop-Dienstes (WLL-Dienst). In beiden Fällen hat die Regulierungsbehörde nach Durchführung eines Anhörungsverfahrens und in Abstimmung mit den europäischen und weltweiten Verordnungen und Empfehlungen sowie der nationalen Gesetzgebung eine Lizenzentscheidung getroffen, welche die weitere Verwendung des Frequenzbereiches definiert. Das Beispiel WLL zeigt aber, dass sich die so lizenzierten Dienste nicht immer positiv entwickeln, denn inzwischen mussten sich die meisten WLL-Anbieter wieder vom Markt zurückziehen.

Der Staat ist nach dem Grundgesetz dazu verpflichtet, zur Sicherung der Meinungsvielfalt beizutragen und damit auch medienpolitische Interessen zu wahren. Bezogen auf die Lizenzierung von Funkfrequenzen geschieht dies durch die Bereitstellung von Frequenzen für die Rundfunkübertragung von TV- und Radioprogrammen.

Der Staat hat bei der Frequenzzuteilung aber auch hoheitliche Interessen zu verfolgen. Dies sind insbesondere Aufgaben in Verbindung mit der Landesverteidigung und der damit verbundenen militärischen Nutzung der Funkfrequenzen.

Gerade die Bewertung der wettbewerbsökonomischen und medienpolitischen Interessen und die damit verbundene Ausgestaltung der Lizenzvergabepraxis ist für die zukünftige Entwicklung der funkgestützten elektronischen Kommunikationsmärkte von entscheidender Bedeutung. Dabei stehen die Mobilfunkmärkte GSM und UMTS auf Grund ihrer besonderen volkswirtschaftlichen Bedeutung im Mittelpunkt des Interesses.

Die UMTS-Lizenz ist ein Beispiel für die Umsetzung der von der EU vorgegebenen Marschrichtung hin zum konvergenten elektronischen Kommunikationsmarkt. So hat der Regulierer in Deutschland in seinen Lizenzauflagen für UMTS ausdrücklich einen „mobilen Multimedia Markt" lizenziert und nicht nur – wie gemeinhin angenommen – einen UMTS-Markt. Die Regulierung unterstreicht durch diese Lizenzdefinition, dass das Zusammenwachsen der Telekommunikations- und Mediendienste zu einer einzigen mobilen Multimedia-Plattform ausdrücklich erwünscht ist. Damit wächst auch die Verpflichtung, die oben beschriebenen wettbewerbsökonomischen und medienpolitischen Zielsetzungen wirksam miteinander zu verbinden.

Frequenzhandel zur unternehmerischen Absicherung in lizenzierten Mobilfunkmärkten

Dem Thema Frequenzhandel kommt mit der Bereitstellung neuer Funkfrequenzen, der fortschreitenden Digitalisierung und der dadurch intensivierten Nutzung der Frequenzspektren wachsende Bedeutung zu. Die EU-Rahmenrichtlinie für elektronische Kommunikationsnetze und -dienste erlaubt grundsätzlich die Übertragung von Frequenznutzungsrechten zwischen Unternehmen und eröffnet dadurch auch der deutschen Regulierung die Chance, den sekundären Frequenzhandel zuzulassen. Die Zulassung eines solchen Sekundärmarktes könnte in die anstehende Novellierung des TKG einbezogen werden. Für die bestehende Regulierung zur Frequenzvergabe und -nutzung in Deutschland wäre eine solche Flexibilisierung von Frequenznutzungsrechten ein Novum.

Zieht man eine Bilanz der Lizenzierungspraxis, so zeigt sich, dass die Regulierungsbehörde mit ihren Entscheidungen zur Lizenzvergabe nicht immer im Sinne einer wettbewerbsökonomischen Stimulierung der Märkte erfolgreich war. Das zeigte sich im Fall WLL deutlich. Sucht man nach Ursachen, so darf man nicht allein auf die Regulierungsbehörde hinweisen, denn diese macht sich in der Regel durch umfangreiche Anhörungsverfahren, Studien und internationale Vergleiche ein umfassendes Bild von der Lage, bevor sie eine Entscheidung trifft. Ein weiterer Indikator dafür ist auch, dass zum Zeitpunkt der Lizenzvergabe die Lizenznehmer vom Erfolg ihrer Investition überzeugt sind, da sie sonst – bei betriebswirtschaftlicher Abwägung – nicht bereit wären, sich um eine Lizenz zu bewerben und sich am Infrastrukturausbau zu beteiligen. Die wirkliche Problematik liegt also nicht in der Fehleinschätzung der vor der Lizenzierung stehenden Märkte, sondern in der fehlenden Anpassungsfähigkeit der Lizenzauflagen an die tatsächlichen Marktentwicklungen.

Um die Folgen einer Fehleinschätzung bei der Beurteilung der Lizenzmärkte durch die Regulierung einzuschränken, wäre eine Dynamisierung des Lizenzmodells von Vorteil. Der Handel mit Frequenzen ist eine solche Möglichkeit, das aktuelle Lizenzmodell an die tatsächliche Entwicklung der Märkte anzupassen. Aus Sicht des Lizenznehmers würde eine solche Dynamisierung der Lizenzierung dazu beitragen, das unternehmerische Risiko der Lizenznahme abzusichern, und aus ordnungspolitischer Sicht trägt die Dynamisierung zur Schaffung eines effizienten Wettbewerbs (im lizenzierten Markt) bei. Für den Handel mit Frequenzen sind unterschiedliche Modelle denkbar.

Kleines Frequenzhandelsmodell – Veräußerung eines Frequenzbereiches ohne Änderung der Lizenzauflagen

Die UMTS-Lizenzgebühren sind in den Bilanzen der Lizenznehmer zwar als immaterielle Vermögenswerte aktiviert und wirken sich über die Abschreibung ertragsmindernd und damit steuersenkend auf das Betriebsergebnis aus. Die derzeitigen Lizenzbestimmungen erlauben jedoch nicht den Weiterverkauf von Lizenzen – weder vollständig noch in Teilen.

In einem kleinen Frequenzhandelsmodell stünde es den Lizenznehmern frei, je nach Marktentwicklung über den Verkauf der Lizenzen zu entscheiden. Die derzeitigen Lizenzauflagen entsprechen einer Alles-oder-Nichts-Regelung und verpflichten die Lizenznehmer dazu, das Abenteuer UMTS bis zum Ende durchzustehen oder – im Extremfall – daran zu Grunde zu gehen. Das kleine Frequenzhandelsmodell macht einen vorzeitigen Rückzug möglich. So könnte sich das lizenznehmende Unternehmen wenigstens von einem Teil der erdrückenden Schuldenlast befreien, und der Verkauf der Frequenzen könnte das betroffene Unternehmen vor einem Ausverkauf retten.

Großes Frequenzhandelsmodell – Modifizierung der Lizenzauflagen

Die Erfahrung mit der Vergabe von Lizenzen zeigt, dass es grundsätzlich wünschenswert ist, einmal vorgegebene Lizenzauflagen flexibel an die tatsächliche Marktentwicklung anzupassen. Allerdings ist die notwendige Voraussetzung dafür, dass alle Marktteilnehmer gleichberechtigt behandelt werden.

Ein großes Frequenzhandelsmodell bestünde nun darin, die Lizenzauflagen in vorgegebenen, relativ kurzen Intervallen (alle zwei bis fünf Jahre) neu zu verhandeln. Die Lizenznehmer erhalten ein Vorschlagsrecht – der Regulierer prüft und entscheidet. Mit einer solchen Regelung könnte der Regulierer die Lizenzauflagen dynamisch an die Marktentwicklung anpassen. So hätte man z. B. im Falle Wireless Local Loop auf die Erfüllung von ISDN-Leistungsmerkmalen verzichten können. Dies hätte die Höhe der Investitionen in die Vermittlungstechnik gesenkt und den Business Case für WLL insgesamt verbessert. Durch die Anpassung der Lizenzauflagen käme es zu einer Neubewertung des Marktmodells, die bestehende Lizenznehmer zum Marktausstieg und damit zum Weiterverkauf der Lizenzen veranlassen könnte, oder die ein günstigeres Investitionsklima schaffen könnte. Auf diese Weise würden weitere Lizenznehmer interessiert, die zum Zeitpunkt der Erstvergabe der Lizenz noch nicht bereit waren, das Marktrisiko auf sich zu nehmen.

Getreu dem Motto „Vom Guten nur das Beste" wäre die Verbindung der beiden Frequenzhandelsmodelle ideal für die Harmonisierung des Frequenzhandels. Dem großen Frequenzhandelsmodell folgend, sollte eine Änderung der Lizenzauflagen in festgesetzten, nicht periodischen Zeitintervallen möglich sein. Ein erster Änderungstermin könnte in einem relativ kurzen Zeitabstand nach der Markteinführung angesetzt werden und weitere Änderungstermine könnten in immer größeren Intervallen folgen. Einem Lizenznehmer sollte es jederzeit erlaubt sein, seine Frequenz zu handeln und sie an interessierte Marktteilnehmer zu verkaufen.

Lizenzauflagen als Hebel zur Durchsetzung medienrechtlicher Vorgaben

Neue Medien transportieren neue Inhalte. Das kann ein Problem sein. Man sollte meinen, dass sich über die Jahre hinweg viele medienrechtliche Vorgaben wie der Schutz der Jugend, die Sicherung der Meinungsvielfalt im öffentlich-rechtlichen und privaten Rundfunk sowie der Schutz von Urheberrechten als wesentliche Eckpfeiler der Demokratie fest verankert haben. Aber das Internet hat uns das Gegenteil bewiesen. Mit dem neuen interaktiven Medium sind auch viele unerfreuliche Nebeneffekte aufgetreten, die in der allgemeinen Euphorie über die New Economy zunächst nicht ausreichend artikuliert wurden. Dazu gehören die Missachtung von Urheberrechten durch Online-Tauschbörsen, der ungeschützte Zugriff auf (Kinder-)Pornografie, der Aufruf zu terroristischen Handlungen bis hin zu Bauanleitungen für Kampfmittel. Paradoxe Situationen entstanden: Kindern und Jugendlichen ist zwar der Zutritt zu Videotheken verboten, aber via Internet haben sie in Sekundenschnelle Zugriff auf ein kaum noch überschaubares Spektrum von Informationen, die in Teilen jugendgefährdend, rassistisch und gewaltverherrlichend sind. Aus medienpolitischer Sicht muss die Ordnungspolitik dafür Sorge tragen, dass eine ähnliche Entwicklung in Märkten, die sie reguliert, nicht möglich ist.

Medienrechtliche Vorgaben schützen aber nicht nur den Bürger, sondern auch die Unternehmen. So beziffert der Bundesverband der Phonografischen Wirtschaft die Anzahl der illegalen Downloads im Jahr 2001 auf 316 Mio. Der Umsatz mit Tonträgern fiel im gleichen Zeitraum um 12 Prozent. Auch hat sich im Internet eine „Kostenlos-Kultur" etabliert, die zunächst einmal davon ausgeht, dass Inhalte-Dienste prinzipiell kostenlos zu beziehen sind. Dass Dienste keineswegs kostenlos angeboten werden müssen, zeigt das in Frankreich vor dem Siegeszug des Internet erfolgreiche Beispiel Minitel. Dieser textbasierte elektronische Kommunikationsdienst bot den Nutzern kostenpflichtige Dienste an. Die Content-Anbieter wurden für ihre Dienstleistungen und Inhalte entsprechend vergütet, und der Staat hatte gleichzeitig ein wirksames Mittel, die Verbreitung der Inhalte zu beaufsichtigen, da sie technisch nur im französischen Rechtsraum möglich war und somit Vergehen gegen bestehende Gesetze besser geahndet werden konnten. Die französischen Nutzer nahmen den neuen Dienst mit Begeisterung auf. So auch den japanischen i-mode-Dienst, der jetzt vom deutschen Mobilfunkanbieter E-Plus kopiert wurde. Er sieht die Vergütung von Mobilfunkbetreibern und von Inhalte-Anbietern für ihre Leistungen vor und erleichtert es dem Staat, die Einhaltung der medienrechtlichen Vorgaben zu beaufsichtigen. In beiden Fällen handelt es sich um eine Art geschlossene Benutzergruppe, in der Anbieter und Nachfrager identifiziert und unter Umständen für Vergehen haftbar gemacht werden können.

Lizenzauflagen sollten also von der Regulierung durchaus als Hebel eingesetzt werden, um wichtige medienrechtliche Auflagen durchzusetzen. Diese zielen im Kern auf dreierlei ab: eine sinnvolle Kontrolle von digitalen Inhalten, die Implementierung eines funktionierenden Marktmodells und die Einschränkung der Verbreitung gesellschaftspolitisch gefährdender Inhalte bei gleichzeitiger Sicherung der Meinungsvielfalt.

EU-weite Harmonisierung der Lizenzvergabe

Der Wachstumstrend zur mobilen Kommunikation war dank der Einführung von GSM-basierten Mobilfunkmärkten weltweit so überzeugend, dass sich die EU-Mitgliedsländer dazu entschlossen haben, weitere Frequenzen für die Nutzung mobiler Anwendungen zur Verfügung zu stellen. So hat die RegTP am 18. August 2000 sechs Frequenzpakete für die Nutzung von Mobile Multimedia lizenziert. Für die Dauer von 20 Jahren sind nun sechs Anbietergesellschaften berechtigt, ihren Kunden mobile Sprach- und Datenanwendungen auf diesen Frequenzen anzubieten. Alle Unternehmen waren bereit, für die Lizenzen insgesamt rund 50 Mrd. Euro zu bezahlen, eine Summe, die umgerechnet 620 Euro pro Einwohner oder dem Zweifachen des derzeitigen Jahresumsatzes der gesamten deutschen Mobilfunkbranche entspricht.

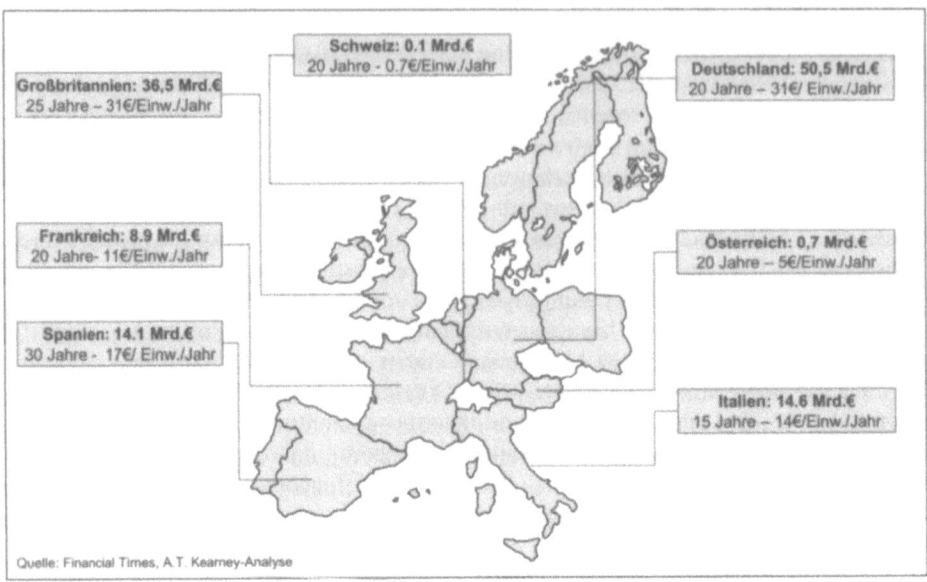

Abbildung 18: Lizenzkosten für UMTS in Europa (Auswahl)

Doch nicht jedes europäische Land hat seine Lizenzen unter gleichen Bedingungen vergeben. So wurden die Lizenzen teilweise versteigert, teilweise im Rahmen eines Beauty-Contest, also einer qualitativen Bewertung der interessierten Unternehmen mit unterschiedlichen Lizenzauflagen vergeben. Die europaweit nicht harmonisierte Vorgehensweise der Ordnungspolitik hat zu einer asymmetrischen Vergabe der UMTS-Lizenzen und damit zu einer ordnungspolitisch bedingten, massiven Wettbewerbsverzerrung auf europäischer Ebene geführt. Dies sehr zum Nachteil der Lizenznehmer in „teuren" UMTS-Ländern, also Ländern wie Deutschland und Großbritannien, in denen mehr als 600 Euro pro Einwohner für eine UMTS-Lizenz ausgegeben wurde. Unternehmen, die per Beauty-Contest Lizenzen erworben haben, sind im Vorteil; sie können die Gewinnzone schneller erreichen, da sie nicht durch hohe Lizenzgebühren belastet werden.

Ein europaweit harmonisierter Frequenzhandel würde für alle Marktteilnehmer eine Angleichung der Marktbedingungen bewirken. Die gängige Lizenzierungspraxis hat dies bislang verhindert und gefährdet deshalb derzeit die wirtschaftliche Stellung der UMTS-Lizenzinhaber. Die Regulierungsbehörden haben nur das Versteigerungsverfahren festgelegt, für die Höhe der Gebote waren die Unternehmen aber selbst verantwortlich.

Damit der grenzüberschreitende Mobilfunkmarkt auch grenzüberschreitend nach gleichen Regeln funktioniert, bedarf es einer Harmonisierung der europäischen Regulierungspolitik. Sie würde es allen Marktakteuren erlauben, ihre Aktivitäten europaweit unter einheitlichen Bedingungen voll zu entfalten und damit einen nachhaltigen Wettbewerb unter gleichen Voraussetzungen freisetzen.

2.3 Weit reichende Liberalisierung der Kabelmärkte

„Wegen Einsturzgefahr ist das Betreten der Baustelle verboten", so könnte man mit einem zynischen Augenzwinkern den Zustand des deutschen Kabelnetzes aus ordnungspolitischer Sicht beschreiben. Wer sich die Mühe macht, den deutschen Kabelmarkt zu analysieren, findet das weltweit zweitgrößte Kabelnetz in einem überregulierten und wirtschaftlich unterentwickelten Zustand vor.

Anders betrachtet geht es hier um derzeit ca. 22 Mio. verkabelte Haushalte – dies entspricht ca. 64 Prozent aller deutschen Haushalte. Damit ist das deutsche Kabelnetz das größte Netz Europas und weltweit das zweitgrößte nationale Kabelnetz nach den USA.

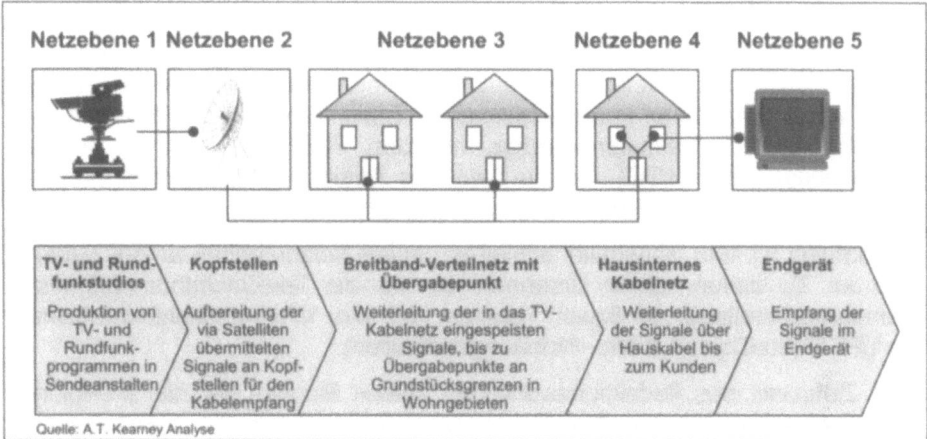

Abbildung 19:   Struktur des Kabelnetzes – Das Kabelsignal läuft über fünf Netzebenen

Überreguliert ist das Netz, weil sich sowohl die Landesregierungen als auch in Teilen die Bundesgesetzgebung ordnungspolitisch für das Netz zuständig fühlen und in der Vergangenheit die unternehmerische Handlungsfreiheit der Kabelnetzbetreiber und die Entwicklung innovativer Kabeldienste eingeschränkt haben durch die Regulierung der Inhalte, des Zugangs (Access) und der Preise. Dadurch ist ein statisches Marktgefüge entstanden, das den Unternehmen bisher den Investitionsappetit verdorben hat.

Wirtschaftlich unterentwickelt ist das Kabelnetz, weil Besitzstrukturen geschaffen wurden und ein Marktmodell gefördert wurde, die nur ein eingeschränktes Dienste-Angebot für die Kabelkunden zulassen, keinen funktionierenden Preiswettbewerb ermöglichen und die Marktteilnehmer nicht dazu motivieren, neue und innovative Dienste anzubieten.

Die Eigentümerstruktur des Kabelnetzes in Deutschland

Der Betrieb des Kabelnetzes wird heute überwiegend von der Deutschen Telekom und ihren direkten oder indirekten Beteiligungen ermöglicht. So ist die Deutsche Telekom immerhin zu 80 Prozent an den Kabelanschlüssen, also an 17,7 Mio. der ca. 22 Mio. in Deutschland angeschlossenen Wohnungseinheiten direkt oder indirekt beteiligt. Zu 9,5 Mio. Wohnungseinheiten besteht zusätzlich eine direkte oder indirekte Geschäftsbeziehung mit der Deutschen Telekom über Mehrheitsbeteiligungen an den Tochtergesellschaften Kabel Deutschland Gesellschaft GmbH (KDG) oder der Deutsche Telekom Kabel Service Gesellschaft (DeTeKS). Die anderen 8,2 Mio. Haushalte sind über die Unternehmen Kabel Baden-Württemberg GmbH & Co. KG (KabelBW), ish GmbH & Co. KG (ish) und iesy Hessen GmbH & Co. KG (iesy) angeschlossen. An diesen hält die Deutsche Telekom Minderheitsbeteiligungen von 35 Prozent bzw. 45 Prozent.

Die übrigen Wohnungseinheiten werden über andere Betreiber versorgt. 12,4 Mio. Einheiten sind über Wohnungsbaugesellschaften, Eigentümergemeinschaften, kleine und mittelständische Unternehmen oder Elektrohandwerksbetriebe an die Netzebene 3 angeschlossen. 6,2 Mio. Ein- und Zweifamilienhäuser sind über Einzelnutzerverträge mit den Tochterunternehmen Kabel Deutschland GmbH (KDG) und die Deutsche Telekom Kabel Service Gesellschaft (DeTeKS) an die Netzebene 3 und 4 angeschlossen.

Die übrigen 3,1 Mio. Haushalte schließen private Netzbetreiber an das Kabelnetz an. Zu diesen zählen Unternehmen wie die TeleColumbus (0,8 Mio. Wohnungseinheiten), die Bosch Telekom (0,5 Mio. Wohnungseinheiten) und die UPC/PrimaCom (1,8 Mio. Wohnungseinheiten).

Zum Zeitpunkt des Redaktionsschlusses dieses Buches war die DTAG im Begriff, ihre bestehenden Mehrheitsbeteiligungen an private Investoren zu veräußern.

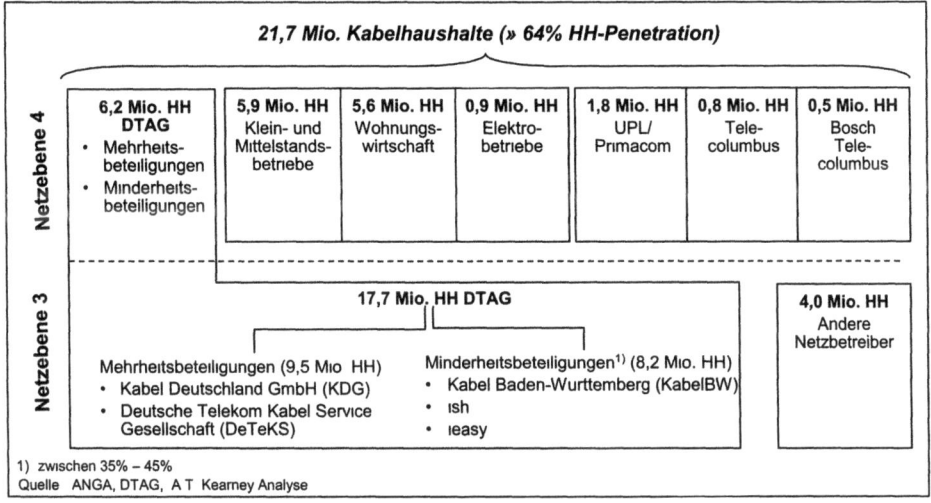

Abbildung 20: Die Eigentümerstruktur des Kabelnetzes in Deutschland

Für die Entwicklung des Kabelmarktes bis heute gibt es klare und nachvollziehbare Gründe. So wollte man beim großflächigen Ausbau des Kabelnetzes nach 1982 Klein- und Mittelstandsunternehmen gezielt fördern mit dem Ergebnis, dass sich die Netzebene 4 (die Kabelstrecke zwischen dem Wohnungsanschluss und der nächsten Anschaltstelle, der Kabelkopfstation) in den Händen von 4.000 Unternehmen befindet.

Das Gebot der Stunde ist es, Lösungsmöglichkeiten für eine Neudefinition des ordnungspolitischen Rahmens für das Kabelnetz zu finden, die den aktuellen Entwicklungen konsequent Rechnung tragen. Drei Eckpunkte markieren den Rahmen für die zukünftige Entwicklung des Kabelmarktes:

– Das Kabelnetz ist die einzige derzeit in Deutschland verfügbare leitungsgebundene Alternative zum Festnetz und als solche geeignet, für mehr infrastrukturbasierten Wettbewerb zum Festnetz zu sorgen.

– Als einziges elektronisches Breitband-Kommunikationsmedium erreicht das Kabelnetz derzeit die Wohnzimmer von 22 Mio. Haushalten und ist somit das bedeutendste medienpolitische Vehikel.

– Die Digitalisierung erlaubt eine Erweiterung der Nutzungsmöglichkeiten des Kabelnetzes mit weit reichendem Wachstumspotenzial für zukünftige Dienste-Anbieter.

Damit das deutsche Kabelnetz nicht zum ordnungspolitischen Sündenfall wird, müssen weit reichende Reformen eingeleitet werden, die den Telekommunikations- und Medienunternehmen unternehmerische Perspektiven aufzeigen und sich gleichzeitig mit dem medienpolitischen Auftrag der Ordnungspolitik vereinbaren lassen.

Der Rundfunk im Allgemeinen sowie die Rundfunkdienste und das Kabelnetz im Besonderen unterliegen in Deutschland einer erheblichen und in Europa einmaligen Regulierungsdichte:

Regulierung der Sendeformate: Derzeit regeln die Landesmedienanstalten den Zugang zum Kabelnetz sowohl auf den analogen als auch auf den digitalen Fernsehkanälen in einem aufwendigen Rangfolgeverfahren. Das Verfahren behandelt zunächst die öffentlich-rechtlichen und erst danach die privaten Vollprogrammanbieter. Anbieter von Spartenprogrammen werden nachrangig einbezogen. Ein Wettbewerb der Inhalte um die Gunst der Zuschauer findet nicht statt, denn nicht die Nachfrage entscheidet über die Belegung der Kanäle, sondern die Landesmedienanstalten. Dieses Vorgehen ist zwar grundsätzlich im Hinblick auf das föderalistische Prinzip und die damit verbundene Kulturhoheit der Länder nicht in Frage zu stellen. Fraglich ist aber, warum diese Regelung auf die digitalen Fernsehkanäle im Kabel ausgedehnt wurde, obwohl dem medienpolitischen Versorgungsauftrag der Länder mit der Belegung der analog weiterhin empfangbaren Kanälen Rechnung getragen wird.

Regulierung des Zugangs: Die Regulierung des Kabelzugangs für die Verbraucher sollte zurückgenommen werden. Verbraucher haben zwar mittlerweile die Wahl zwischen Strom- und Telefonanbietern, aber ihre Wahlmöglichkeiten hören beim Kabelanschluss auf: Es steht nur ein Anbieter zur Verfügung und ein Wettbewerb um den Kunden mit all seinen positiven wettbewerbsökonomischen Nebeneffekten kann folglich nicht entstehen.

Regulierung der Preise (Nutzungsentgelte): Die öffentlich-rechtlichen Programmanbieter erheben Rundfunkgebühren von allen Verbrauchern, die ein TV- oder Radiogerät bereithalten. Das System der Rundfunkfinanzierung wirkt als Markteintrittsbarriere für die privaten Programmanbieter, da der Staat durch die Rundfunkgebühren einen „Einheitspreis für den Fernsehkonsum" definiert. Dies behindert marktwirtschaftliche Preisfindungsmechanismen. Die öffentlich-rechtlichen Sender befinden sich hier im Vorteil, weil sie durch die Erhebung der Rundfunkgebühren eine Sonderstellung im Wettbewerb einnehmen.

Das derzeitige Marktmodell im Kabelnetz

Der Markt für Kabeldienste hat derzeit ein Transaktionsvolumen von jährlich ca. 8,5 Mrd. Euro, das entspricht einer durchschnittlich nachgefragten Leistung von ca. 30 Euro pro Monat und Kabelhaushalt. Darin sind die Anschlussentgelte (ca. 2,95 Mrd. Euro) der angeschlossenen Haushalte für die Kabelnetzbetreiber enthalten. 1,25 Mrd. Euro des Transaktionsvolumens fließen direkt oder indirekt an die Deutsche Telekom über die angeschlossenen Tochterunternehmen KDG, Medienservicegesellschaft, DeTeKS und über Minderheitsbeteiligungen wie KabelBW und 1,7 Mrd. Euro an die privaten Kabelnetzbetreiber auf den Netzebenen 3 und 4. Die privaten Netzbetreiber zahlen weitere 0,45 Mrd. Euro an die Deutsche Telekom, um Signale von Netzebene 3 zu beziehen. Die verkabelten Haushalte zahlen wiederum 4,25 Mrd. Euro Rundfunkgebühren an die öffentlich-rechtlichen Programmanbieter und ca. 0,8 Mrd. Euro Abonnentengebühren an die Anbieter des PayTV. Betreiber von Fernseh-Diensten leisten zusätzlich ein Einspeisungsentgelt von 0,05 Mrd. Euro an die Netzebene 3. Weitere Zahlungsströme verursachen der Verkauf von Merchandise-Rechten und der Weiterverkauf von Rechten und Lizenzen.

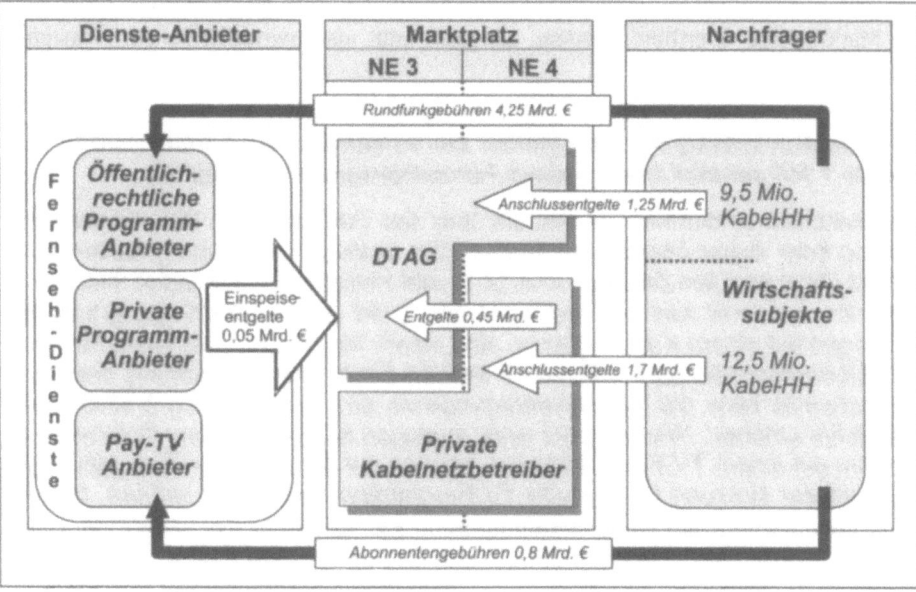

Abbildung 21: Marktmodell des Kabelfernsehens in Deutschland (vereinfachte Darstellung)

Die Überregulierung des Kabelmarktes nach Sendeformaten, Zugang und Preisen hat zur unternehmerischen Bewegungslosigkeit des Marktes geführt. Dazu kommt die ambivalente Rolle der Deutschen Telekom, die auf allen Netzebenen der maßgebliche Betreiber der Kabelinfrastruktur ist und die sich parallel dazu derzeit erfolgreich bemüht, die einzige Breitband-Festnetzalternative zum Kabel, den DSL-Anschluss, flächendeckend anzubieten. So könnte man behaupten, dass für die Deutsche Telekom jeder „schlechte Kabeltag", an dem ein Ausbau des Mediums nicht vorangetrieben wurde, ein guter „DSL-Tag" ist, der dazu genutzt werden kann, den flächendeckenden DSL-Ausbau weiter voranzutreiben. Auch der Bund befindet sich hier in einer ambivalenten Rolle, da er als Mehrheitsaktionär der Deutschen Telekom an einer gewinnorientierten Geschäftsstrategie des Unternehmens mit weitgehender Nutzung des DSL-Netzes interessiert ist, sich aber gleichzeitig für eine marktwirtschaftliche Öffnung des Kabelmarktes einsetzen sollte.

Insgesamt führt das aktuelle Regulierungsumfeld also zu Ineffizienzen im Angebotsverhalten der Marktteilnehmer. Die Verbraucher können nur auf ein eingeschränktes Dienste-Portfolio zugreifen, die Preisfindung wird de facto staatlich gesteuert und die Unternehmen haben sich bei der Zusammenstellung der Inhalte-Dienste nach den Vorgaben der Landesmedienanstalten zu richten. Nur durch eine „Entstaatlichung", d. h., Privatisierung des Marktmodells hin zu einer Ordnungspolitik, die marktwirtschaftliche Maßstäbe zur Deregulierung des Kabelnetzes durchsetzt, kann die derzeitige Situation in ein Marktgefüge überführt werden, das sich mit marktwirtschaftlichen Prinzipien vereinbaren lässt.

> ***Digitale Aufrüstung der Kabelnetze: Bei Vollausbau sind heute bereits bis zu 1.560 parallel übertragbare Fernsehprogramme möglich.***
>
> Fernsehbilder sind Informationen, die über das Trägermedium Kabel entweder analog oder digital übertragen werden. Die analoge Übertragung basiert auf einem unbegrenzten Zeichenvorrat (z. B. alle Helligkeitsstufen jedes Bildpunktes, der von einer Kamera abgelesen wird), die digitale Übertragung basiert hingegen auf einem Kodierschema, also einem maximalen Zeichenvorrat, der pro Übertragungsimpuls übermittelt werden kann. Die Optimierung des Kodierschemas kann die Datenübertragungsrate pro TV-Kanal von 8 Mbit/s auf 38 Mbit/s erhöhen. Während bei einer analogen Nutzung nur ein Fernsehprogramm auf einem TV-Kanal Platz hat, können auf dem gleichen Fernsehkanal bei digitaler Nutzung bis zu acht TV-Programme übertragen werden. Durch eine Optimierung des Kodierschemas kann bei 38 Mbit/s die Anzahl der maximal übertragbaren TV-Programme noch einmal um den Faktor 5 gesteigert werden. Rechnet man das technische Optimierungspotenzial auf ein volldigitalisiertes Kabelnetz um, so ergibt sich rein rechnerisch eine Gesamtkapazität von insgesamt 1.560 parallel übertragbaren Fernsehprogrammen auf ein volldigitalisiertes Kabelnetz. Eine Steigerung um mehr als 4000 Prozent im Ver-

gleich zu der heute durchschnittlich empfangbaren Anzahl an TV-Programmen im Kabelnetz.

Es gibt vier Alternativen für die digitale Aufrüstung, die sich teilweise ergänzen:

Digitale Aufrüstung der Verteilnetze: Die digitale Aufrüstung des TV-Kabelnetzes erhöht die Anzahl der Rundfunkprogramme, die über das verfügbare Frequenzspektrum übertragen werden können. Ein TV-Kanal beansprucht derzeit ein Kanalraster von 8 MHz. Durch die Digitalisierung des Kanalrasters lässt sich die Anzahl der übertragbaren TV-Programme versiebenfachen.

Digitale Aufrüstung zum IP-Netz: Das IP-Netz[3] ist ein paketvermittelndes Datennetz zur bidirektionalen Informationsübermittlung – vom Sender zum Empfänger und zurück. Das bekannteste IP-Netz ist das World Wide Web.

Digitale Aufrüstung zum Hybridnetz: Als Hybridnetze bezeichnet man die Kopplung von Übertragungsnetzen unterschiedlicher Trägermedien zur Übertragung interaktiver Dienste. So wird zum Beispiel die Kopplung eines Verteilnetzes an mobile GSM- oder UMTS-Netze als „hybrid" bezeichnet, und auch die Nutzung des Telefonnetzes als Rückkanal zur Interaktion mit einer Rundfunksendung ist ein Beispiel für eine interaktive Nutzung. Zur Kopplung des Kabelnetzes mit alternativen Netzen eignen sich insbesondere das Festnetz und das Mobilfunknetz. Beide Netze sind großflächig in Deutschland verfügbar und bilden eine Alternative zum Ausbau des Kabelrückkanals.

Digitale Aufrüstung zum Telekommunikationsnetz: Das Telekommunikationsnetz ist ein symmetrisches leitungsvermitteltes Netz für eine bidirektionale Kommunikation zwischen Sender und Empfänger für die Dauer einer Wählverbindung. Anders als bei den paketvermittelten Netzen steht für die Verbindungsdauer die gesamte Übertragungskapazität zur Verfügung. Telekommunikationsnetze werden in der Regel für die Sprachkommunikation verwendet. Die digitale Aufrüstung des Kabelnetzes zum Telekommunikationsnetz würde neben einer geeigneten Vermittlungstechnik zur Herstellung von Wählverbindungen die Bereitstellung eines Rückkanals erfordern.

Trennung von Broadband und Broadcast zur Schaffung von Investitionsanreizen und Dienste-Vielfalt

Der Markt für Kabeldienste befindet sich aus regulatorischer Sicht im Spannungsfeld von unternehmerischer Netzbetreiberfreiheit und hoheitlicher Kabelallokation durch die

---

[3] IP = Internet Protocol

Bundesländer. Das Spannungsfeld entsteht durch die gegensätzlichen Zielsetzungen des bundesweit gültigen TKG und der länderpolitischen Bestimmungen, insbesondere den Bestimmungen des Rundfunkstaatsvertrages.

So gewährt zum Beispiel das TKG den Netzbetreibern ausdrücklich das Recht auf Lizenz für den Betrieb eines Kabelnetzes, sofern das Kabelnetz allgemeine gewerberechtliche Voraussetzungen erfüllt. Im Gegensatz dazu regelt aber ein striktes Zuweisungsregime der Länder die Kanalbelegung (Kabelallokation) selbst und schränkt so den unternehmerischen Spielraum der Kabelnetzbetreiber ein. Gesetzliche Grundlage dafür bildet der Rundfunkstaatsvertrag (RStV), der im Rahmen eines genau definierten Rangfolgeverfahrens festlegt, welcher Programmanbieter auf welchem Kanal senden darf.

Dabei ist es der verfassungsmäßige Auftrag, die Rundfunkfreiheit in Form eines ausgewogenen und vielfältigen Programmangebotes zu garantieren und dabei öffentlich-rechtliche und private Programmveranstalter gleichermaßen einzubeziehen.

Zur Festlegung der Fernsehdienste in den analogen und digitalen Kabelnetzen kommt die so genannte „Must-Carry-Regelung" zum Einsatz, welche die zur Verfügung stehenden TV-Übertragungskapazitäten drittelt. Danach sind im ersten Drittel, dem Must-Carry-Bereich, die für das Bundesland gesetzlich bestimmten öffentlich-rechtlichen Programme zu übertragen. Im zweiten Drittel, dem Non-Must-Carry-Bereich, wird die Belegung weiterer Kanäle nach Vielfältigkeitsgesichtspunkten festgelegt. Dabei ist „unter Berücksichtigung der Interessen der angeschlossenen Teilnehmer eine Vielzahl von Programmveranstaltern sowie ein vielfältiges Programmangebot an Vollprogrammen, nicht entgeltfinanzierten Programmen, Spartenprogrammen und Fremdsprachenprogrammen" zu gewährleisten. Welche dies sind und wie diese im Einzelnen zu gewichten sind, wird über das Rangfolgeverfahren festgelegt. Die Belegung des letzten Drittels erfolgt nach „Maßgabe der allgemeinen Gesetze" im Ermessen des Netzbetreibers. Der Kabelnetztreiber wird also in seiner unternehmerischen Entscheidung erheblich beschnitten, denn nur im letzten Drittel kann er die von ihm bereitgestellte Übertragungskapazität ganz nach seinen eigenen Vorstellungen vermarkten.

Grundsätzlich garantiert die Must-Carry-Regelung die Sicherung der Meinungsvielfalt für das Fernsehen. Der Staat wird seiner medienpolitischen Versorgungspflicht durch die garantierte Übertragung der öffentlich-rechtlichen und der privaten Vollprogrammanbieter im analogen TV-Empfangsbereich gerecht. Dies bedeutet, dass jeder Kabelhaushalt über ein TV-Gerät ohne Zusatzgeräte in der Lage ist, heute diese TV-Sender über Kabel zu empfangen. Es ist aber nicht nachzuvollziehen, warum die Must-Carry-Regelung auch im digitalen Kabelfernsehen Anwendung findet, denn streng genommen ist der Staat durch die analoge Übertragung seinem Versorgungsauftrag gerecht geworden. Auf sie kann der Nutzer immer zurückgreifen, auch wenn er Zugriff auf zusätzliche digitale Angebote hat. Auch ist zu berücksichtigen, dass jedes TV-Gerät oder Erweiterungen der TV-Geräte, z. B. die Settop-Boxen, in der Lage sind, auch *immer* die analogen Signale zu verarbeiten. In der Praxis ist also gewährleistet, dass ein Haushalt, der mit einem digitalen Empfangsgerät ausgestattet ist, immer ein analoges Signal und damit die öffentlich-rechtlichen und privaten Vollprogramme empfangen kann.

Denkt man über eine Reform bei der Kanalbelegung im Kabelnetz nach, so stellt sich die Frage, wie man den unternehmerischen Spielraum der Kabelnetzbetreiber vergrößern kann und gleichzeitig dem medienpolitischen Versorgungsauftrag gerecht wird. Als Lösung wird eine regulatorische Trennung der zur Verfügung stehenden Übertragungskapazität in einen Broadcast-Bereich und einen Broadband-Bereich angesehen.

> ***Der Broadcast-Bereich im Kabelnetz*** (technisch in der Regel der Frequenzbereich bis zu 446 MHz, heute überwiegend analog genutzt) dient zur Zeit der Übertragung von TV- und Radioprogrammen. Hier findet die Must-Carry-Regelung Anwendung zur Übertragung der öffentlich-rechtlichen und privaten Vollprogramme.
>
> ***Der Broadband-Bereich des Kabelnetzes*** (technisch in der Regel der Frequenzbereich ab 446 MHz). Zurückführen der gesetzlichen Regelungen zur Kanalbelegung und Aufgabe des Kanalkonzeptes. Der Netzbetreiber erhält die unternehmerische Entscheidungskompetenz für diesen Übertragungsbereich und hat die Wahl, wem er welche Dienste zu welchem Preis anbieten möchte.

Während man im Broadcast-Bereich an den bestehenden ordnungspolitischen Regelungen, insbesondere der Must-Carry-Regelung, festhalten kann und damit die Sicherung der Meinungsvielfalt in Deutschland gewährleistet wäre, könnte im Broadband-Bereich das Kanalkonzept aufgegeben werden[4]. Die Netzbetreiber würden dann frei darüber entscheiden, ob sie im Broadband-Bereich die verfügbare Übertragungskapazität zur Übertragung weiterer TV-Programme nutzen oder ihren Kunden die Möglichkeit zum schnellen Internet-Surfen oder einen Telefonanschluss zur Verfügung stellen wollen.

Eine Rücknahme der ordnungspolitischen Vorgaben im Broadband-Bereich würde eine effiziente Nutzung des digitalisierten Kabels ermöglichen. Die Kanalbelegung für den Broadcast-Bereich sollte – wie bereits dargestellt – im Zuständigkeitsbereich der Länder bleiben. Das entscheidende Novum wäre, dass der Netzbetreiber sich in der Auswahl der Dienste für den Broadband-Bereich an marktwirtschaftlichen Kriterien orientieren könnte und nicht mehr an die Vorschriften der Landesmedienanstalten zur Kanalbelegung gebunden wäre.

---

[4] Ein Vorschlag, der erstmals von Dr. Wolfgang Schulz, dem Direktor des Hans-Bredow-Instituts für Medienforschung formuliert wurde.

Wettbewerb der Kabeldienste-Anbieter durch Entbündelung des Teilnehmeranschlusses und Zugang zu den Kabelkopfstationen

Seit der Liberalisierung des Strommarktes haben ca. 1,4 Mio. Haushalte den Stromanbieter gewechselt, und im Festnetzmarkt haben sich ebenfalls 7,9 Mio. Haushalte für einen Wechsel zu einer anderen Telefongesellschaft entschieden. Wer jedoch versucht hat, seinen Kabelnetzanbieter zu wechseln, suchte vergeblich, denn bis heute gibt es keinen Wettbewerb um den Kabelanschluss. Dass dies nicht zwingend so sein muss, zeigt das Beispiel Argentinien. Was in Deutschland nur aus dem Energiesektor und dem Festnetz bekannt ist, findet dort auch im Kabelnetz Anwendung. Folgt man dem argentinischen Beispiel, so hätte der Kunde die freie Wahl des Kabelanbieters gemäß seinen Konsumpräferenzen. So wäre es beispielsweise denkbar, dass sich ein Vieltelefonierer-Haushalt für einen Kabeldienste-Anbieter entscheidet, der Telefongespräche zum Pauschalpreis anbietet (Flat-fee-Telefonie). Auch wäre denkbar, dass sich ein Filmfan für einen Kabeldienste-Anbieter entscheidet, der eine umfangreiche Video-on-Demand-Auswahl für ihn auf Abruf bereithält.

Aus Sicht der Verbraucher wäre die Schaffung eines Kabeldienste-Wettbewerbs eine durchaus wünschenswerte Entwicklung, denn sie vergrößert das Dienste-Angebot, und zusätzlich ist ein – für den Verbraucher in der Regel positiver – Preiswettbewerb zu erwarten. Damit auch aus Sicht der bestehenden oder potenziellen Kabeldienste-Anbieter Investitionsanreize geschaffen werden, müssen zwei zentrale ordnungspolitische Vorkehrungen getroffen werden, die bereits aus dem Festnetz bekannt sind. Dies ist zum einen die Entbündelung des Kabelanschlusses, im Folgenden die „Kabel-TAL" genannt und zum anderen der freie Zugang zu den Kabelkopfstationen. Kabelkopfstationen sind die Verteilereinheiten für die Verteilung der TV- und Hörfunkprogramme über das Kabelnetz. In Deutschland gibt es ca. 1.000 Kabelkopfstationen und weitere 4.500 (Sekundär-) Kabelkopfstationen. Die Kabelkopfstationen entsprechen im Prinzip den Ortsvermittlungsstellen des Festnetzes.

Hinter der Kabel-TAL verbirgt sich der Anspruch des Anbieters, seine Kabeldienste für einen bestimmten Mietpreis zum Kunden durchleiten zu können. Eine Kabel-TAL ist in Analogie zum DSL-Anschluss zu sehen. Sie erlaubt einem alternativen DSL-Anbieter, auf der entbündelten Teilnehmeranschlussleitung des Festnetzes einen DSL-Anschluss zu realisieren. So wie der alternative DSL-Anbieter dem Festnetzbetreiber für die Nutzung der Festnetz-TAL einen monatlichen Mietpreis zu bezahlen hat, müsste auch ein alternativer Kabeldienste-Anbieter dem Kabelnetzbetreiber ein Nutzungsentgelt bezahlen. Ein solcher Durchleitungsanspruch wäre nur im Broadband-Bereich zu realisieren, in dem die Anbieter frei über die von ihnen anzubietenden Dienste entscheiden, und ist für den Broadcast-Bereich nicht relevant.

Der freie Zugang zu den Kabelkopfstationen (im Festnetz unter dem Begriff Kollokation subsumiert) zielt auf die technische und wirtschaftliche Anforderung ab, die Dienste möglich nahe beim Konsumenten bereitzustellen.

Durch einen ordnungspolitisch garantierten Zugang zu Kabelkopfstationen können dort Vorkehrungen getroffen werden, um beispielsweise einen Video-on-Demand-Service zu realisieren. Die Installation entsprechender Geräte an den Kabelkopfstationen erlaubt zum Beispiel schnelles Internet-Surfen oder Telefongespräche in ISDN-Qualität. Alternative Kabeldienste-Anbieter sind mit dem Zugang zu den Kabelkopfstationen in der Lage, die Technologie für die Realisierung des Dienste-Angebots unter wirtschaftlich zumutbaren Rahmenbedingungen bereitzustellen.

Bei der Einführung der Kabel-TAL besteht ein Rechtsanspruch auf Anwendung der Kabel-TAL nur dann, wenn der Betreiber von Kabeldiensten eigene Dienste bereitstellt. Dadurch ist gewährleistet, dass ein Kabelnetzbetreiber zunächst die Option hat, eigene Dienste auf seinem Netz zu implementieren. Ist ihm dies nicht möglich oder erscheint ihm dies nicht sinnvoll, so hat er die Möglichkeit, die Übertragungskapazität im Broadband-Bereich ganz oder teilweise anderen Dienste-Anbietern zur Verfügung zu stellen. Der Regulierer garantiert ihm dabei eine entsprechende Vergütung durch Festlegung der Kabel-TAL-Gebühren und weiterer Entgeltvorschriften zur Nutzung der Kabelkopfstationen. Hier lohnt sich ein genauerer Blick auf die Preisbildung in der Energiewirtschaft. Dort wurden in der Vergangenheit für ähnliche Problemstellungen Lösungen geschaffen, die für das Kabelnetz Vorbildcharakter haben könnten.

Eine solche Regelung trägt in besonderem Maße der eingangs beschriebenen diffusen Besitzerstruktur des deutschen Kabelnetzes Rechnung: Es ist zu erwarten, dass sich die großen Kabelnetzbetreiber dazu entschließen werden, eigene Kabeldienste anzubieten und die kleineren Kabelnetzbetreiber, insbesondere die Betreiber der Netzebene 4, erhalten Investitionsanreize für den Ausbau des Kabelnetzes im Broadband-Bereich. Da viele dieser Netzbetreiber aber mit der Bereitstellung innovativer Kabeldienste überfordert sind, werden sie auf die Angebote der überregional tätigen Kabeldienste-Anbieter zurückgreifen und so auch in die Lage versetzt, ihren Kunden ein attraktives Portfolio innovativer Kabeldienste anzubieten. Insgesamt stimuliert eine solche Regelung die Betreiberlandschaft sowohl auf Netzebene 3 als auch auf Netzebene 4, da auch die Netzebene 3 vom Durchleitungsanspruch auf der Netzebene 4 profitieren würde. Dem Dornröschenschlaf des Kabelnetzes wäre so endlich ein Ende gesetzt, und die dringend notwendigen marktwirtschaftlichen Impulse für die Entwicklung des Kabelnetzes in Deutschland wären gesetzt.

Förderung von Standards für den digitalen Ausbau des Breitband-Kabelnetzes

Die Einführung von Standards für die Kommunikationstechnologie war schon in der Vergangenheit eine wesentliche Erleichterung für die Marktpenetration von Endgeräten und für die Service-Portabilität. Dies betrifft die digitale Festnetztelefonie (ISDN), die digitale Mobiltelefonie (GSM) und auch die Errichtung der mobilen Multimedia-Netze (UMTS). Betrachtet man jedoch die Situation des digitalen Fernsehens, so stellt man fest, dass eine Vielzahl von herstellerspezifischen Gerätestandards für Settop-Boxen die Konsumenten verunsichert hat. Das trifft insbesondere auf den Alleingang des PayTV-

Betreibers Premiere zu, der mit seinen Settop-Boxen einen proprietären Gerätestandard in Deutschland setzen wollte.

Weitere Versuche anderer Hersteller wie met@box, sich am Markt durchzusetzen, sind bisher ebenfalls gescheitert. Zu fördern sind technische Standards wie der MHP-Standard (Multimedia Home Plattform), die es den Herstellern erlauben, Geräte in großen Stückzahlen mit vollintegrierten Bauelementen zu produzieren, die für eine breite Masse von Konsumenten erschwinglich sind. Auf Konsumentenseite sollte die Förderung von Standards eine Austauschbarkeit von Geräten und Diensten vereinfachen, ähnlich wie in der Mobiltelefonie. Dort kann man mit einem beliebigen Mobiltelefon durch einfaches Austauschen der SIM-Karte den Dienste-Anbieter (Provider) wechseln.

2.4 Optimierung der Regulierungsinstitution

Nicht nur die Märkte befinden sich in einem Spannungsfeld zwischen technischer Konvergenz und Marktregulierung. Auch die Institutionen müssen sich mit einem veränderten Marktumfeld und dem elektronischen Kommunikationsmarkt auseinander setzen. Sie haben dabei gemäß der EU-Rahmenrichtlinie für eine „kohärente Anwendung der Bestimmungen dieser Richtlinie" zu sorgen und somit ihren Beitrag zur Entwicklung des Binnenmarktes zu leisten. Damit sind die nationalen Regulierungsbehörden der zentrale Ansprechpartner für einen Umbau der Ordnungspolitik. In zwei zentralen Bereichen besteht diesbezüglich Handlungsbedarf:

– Optimierung des Entscheidungsfindungsprozesses durch die Stärkung der Gesamtverantwortung des RegTP-Präsidiums.

– Enge Kooperation der Landesmedienanstalten und der RegTP zur besseren Koordinierung medien- und telekommunikationsrechtlicher Fragestellungen.

Beide Maßnahmen bedeuten tief greifende Veränderungen des bestehenden institutionellen Rahmens. Es ist jedoch zu wünschen, dass die Ordnungspolitik ihren Reformwillen nicht nur mit einer durchgreifenden Veränderung in den Kernmärkten Ausdruck verleiht, sondern eben auch durch die Bereitschaft, die eigene institutionelle Struktur an die tatsächlichen Entwicklungen des Marktes und die Vorgaben der EU anzupassen.

Entscheidungsprozesse der RegTP optimieren

Die unabhängige Regulierungsbehörde entscheidet auf Basis eines zeitintensiven Verfahrens der Beschlusskammern, die nicht den Weisungen des Präsidiums unterliegen (§ 73 Abs. 1 TKG: Die Regulierungsbehörde entscheidet durch Beschlusskammern etc.). Beschlusskammern sind nach dem Telekommunikationsgesetz quasi-richterliche Kammern mit entsprechender Unabhängigkeit. Der Status der Beschlusskammern kann Entscheidungen verursachen, die mit der grundsätzlichen Regulierungszielsetzung des Präsidiums nicht übereinstimmen. So entsteht in der Fachöffentlichkeit der Eindruck, die Regulierungsbehörde sei in ihrer Meinungsbildung nicht ausreichend koordiniert und schwerfällig.

Das Präsidium, das die Gesamtverantwortung trägt, sollte auch an der Entscheidung mitwirken können. Auch dem Eindruck der Langsamkeit könnte entgegengewirkt werden, wenn das Präsidium in seiner Gesamtverantwortung für die Regulierung gestärkt würde. Dazu ist die Zusammenarbeit zwischen Präsidium und Beschlusskammern neu zu regeln. Das Präsidium sollte dabei grundsätzlich für alle Entscheidungen der Behörde verantwortlich sein und in Erfüllung dieser Aufgabe auch für die Entscheidungen der Beschlusskammern.

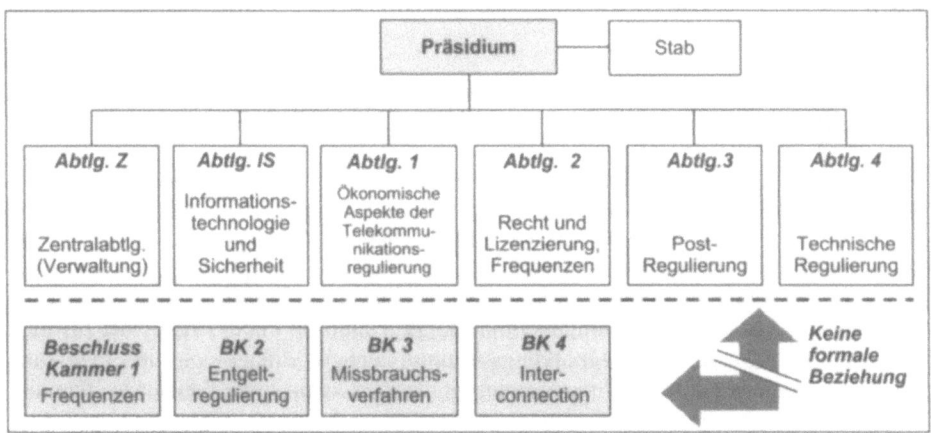

Abbildung 22: Die Organisation der Regulierungsbehörde für Post und Telekommunikation (RegTP)

Darüber hinaus sollte das Präsidium stärker als bisher die Einhaltung der Aufgabenzuordnung innerhalb der Behörde steuern: das Präsidium mit seiner Gesamtverantwortung, die Beschlusskammern mit der Vorbereitung der Einzelfallentscheidungen und die Grundsatzabteilungen mit ihrer Zuständigkeit für die fachliche und sachliche Vorbereitung der Einzelentscheidungen.

Deutlich wird die Problematik an der Entscheidung zum Line-Sharing-Preis vom März 2002. Sie wurde nicht in das Regulierungsumfeld der Teilnehmeranschlussleitung eingebettet und droht deshalb wirkungslos zu bleiben. Zudem gibt die Entscheidung den Wettbewerbern nicht die notwendige Planungssicherheit im strategischen und Investitionsbereich.

Das heute gültige TKG priorisiert Verhandlungslösungen zwischen dem marktbeherrschenden Unternehmen und den Wettbewerbern. Da die Verhandlungslösung ernsthaft zu suchen ist, geht damit geraume Zeit ins Land. Die RegTP kann erst angerufen werden, wenn die Verhandlungslösung gescheitert ist. Erst dann hat die verantwortliche Beschlusskammer im Regelzeitraum von zehn Wochen eine Entscheidung zu treffen.

Eine Umkehrung der bisherigen Verfahrensweise würde die Entscheidungsfindung effektiver gestalten und beschleunigen: Die RegTP könnte initiativ tätig werden, indem sie Entscheidungen ankündigt und ihre Eckpunkte zum Beispiel im Internet veröffentlicht. Die Stellungnahmen der Wettbewerber sind ebenfalls zu veröffentlichen.

Das Verfahren bietet den Vorteil zeitnaher Entscheidungen und transparenter Verfahren und gewährt dem Präsidium jederzeit die volle Verfahrensverantwortung. Der Aufgabenbereich der RegTP sollte dabei auf den gesamten Übertragungsmarkt ausgedehnt werden und sowohl den Schmalband-Sprachtelefoniemarkt als auch den Schmal- und Breitband- sowie den mobilen Dienste-Markt umfassen.

Bessere Abstimmung der Bundes- und Landespolitik durch engere Kooperation von RegTP und Landesmedienanstalten

Bisher ist die Regulierungskompetenz der Telekommunikations- und Medienmärkte aus föderalen Gründen streng voneinander getrennt. Unter die Kulturhoheit der Länder fallen alle Fragen zur Regulierung von Medienmärkten, hier insbesondere das Kabelnetz und die terrestrische TV-Übertragung. Gleichzeitig ist die Regulierungspolitik mit dem Anspruch der EU-Rahmenrichtlinie konfrontiert, der die Zuständigkeit für die zusammenwachsenden elektronischen Kommunikationsmärkte zukünftig in der Hand einer Institution, nämlich der nationalen Regulierungsbehörde sieht. Es drängt sich die Frage auf, wie dieser ordnungspolitische Spagat geleistet werden kann, ohne dabei das föderale Prinzip in Frage zu stellen.

Zunächst einmal ist es notwendig, dass sich alle betroffenen Institutionen zu der EU-Rahmenrichtlinie bekennen und willens sind, ihre ordnungspolitischen Zielsetzungen an die veränderten Rahmenbedingungen anzupassen. Dazu gehört auch, die bestehenden Kompetenzstreitigkeiten einem höheren Ziel, nämlich der Rückführung der deutschen Telekommunikations- und Medienmärkte zu profitablem Wachstum, unterzuordnen und sich zu entschließen, gemeinsam an der Umsetzung dieses für den Standort Deutschland so wichtigen Zieles zu arbeiten. Die maßgeblichen Institutionen, also insbesondere die Regulierungsbehörde und die Landesmedienanstalten, sollten deshalb bereits frühzeitig damit beginnen, ihre Willensbildung und ihre Entscheidungsfindung miteinander abzustimmen und auf diese Weise Lösungen zu erarbeiten, die beide Organisationen gemeinsam tragen können. Ein institutionelles Zusammenspiel würde zum Beispiel die Gründung einer Kommunikationskommission ermöglichen, die von beiden Institutionen getragen würde. Aufgabe der Kommunikationskommission könnte es sein, sich mit den Fragen der elektronischen Kommunikationsmärkte zu befassen und entsprechende Vorgaben für die konkrete Maßnahmenplanung der ihr zugeordneten Regulierungs- und Landesmedienanstalten Sorge zu tragen.

3. Corporate Agenda: Standort Deutschland dynamisch gestalten

Die aktuelle und die zukünftige Regulierung gibt dem Standort Deutschland ein Set-up, das die Marktteilnehmer handhaben müssen. Trends der Regulierung auf nationaler und EU-Ebene sind von den Unternehmen immer rechtzeitig zu antizipieren. Doch dies ist nur eine notwendige Aktion von vielen: Die Unternehmen müssen sich genauso auf die neusten Trends und technologischen Entwicklungen einstellen und ihre Produkte und Dienstleistungen auf den konvergenten, elektronischen Kommunikationsmarkt fokussieren. Unterschiedliche Geschäftsstrategien geben den Spielern der Kernmärkte Kabel, Ortsnetz, Mobilfunk und der assoziierten Märkte Medien und Online-Dienste die Chance, sich auch den konvergenten Standort Deutschland zu erschließen und im Wettbewerb erfolgreich zu positionieren.

3.1 Konsolidierung im Telekommunikationsmarkt

Die Liberalisierung der europäischen Telekommunikationsmärkte in den 90er Jahren hat zur rapiden Zunahme der Unternehmen im Telekommunikationsmarkt geführt. Während ehemalige Monopolisten sich plötzlich im nationalen Festnetz einer Vielzahl vorwiegend kleiner, wenn auch noch wenig einflussreicher Spieler gegenüber sahen, wuchs der Wettbewerb im Mobilfunk schrittweise, aber stetig. Diese Vervielfachung der Spieler war ein Effekt, der – wie bereits ausgeführt – von der Regulierung gewollt war, denn die Anwesenheit vieler Marktteilnehmer wurde mit einem funktionierenden Wettbewerb gleichgesetzt.

Heute jedoch, nach einem harten Preis- und Verdrängungswettbewerb im Festnetz, stehen viele dieser neuen Unternehmen vor dem Aus. Auch die etablierten Marktteilnehmer sehen schweren Zeiten entgegen. Die Gründe sind: stagnierende Märkte, Folgen des internationalen Expansionsdrangs und Belastungen durch hohe Lizenz- und Investitionskosten. Nach einer Phase des Hyperwachstums ist die Industrie in fast allen Teilmärkten nun in eine Phase der Konsolidierung eingetreten. Der hohe Finanzdruck erfordert einen starken Fokus auf Kostensenkung. Doch nicht alle Marktteilnehmer werden diesem Gebot der Stunde gerecht werden können und die Konsolidierungsphase als eigenständige Unternehmen überleben. Die Ursachen sind vielfältig – sei es, weil ihr Geschäftsmodell nach der Ausnutzung der Arbitrage nicht mehr tragfähig ist wie bei Teldafax, sei es, dass sie sich bei den Investitionen übernommen haben wie Sonera, oder sei es, dass in Teilmärkten erhebliche Überkapazitäten geschaffen wurden, die ein profitables Geschäft unmöglich machen wie bei KPNQwest. Die weitere Konsolidierung des Marktes steht also an.

Mit der Konsolidierung wird sich das Markt- und Wettbewerbsumfeld in den einzelnen Teilmärkten fundamental ändern, und alle Beteiligten sollten Interesse daran haben, die Konsolidierung in ihrem Sinne zu beeinflussen.

Der Weg zum gesunden Wettbewerb im Mobilfunk

Im 2G Mobilfunkbereich (GSM) ist ein weitgehend funktionierender Wettbewerb entstanden. Zwar hat die zeitlich gestaffelte Vergabe der GSM-Lizenzen zunächst an T-Mobile und Vodafone D2, dann an E-Plus und O2 Germany zu ungleichen Startbedingungen geführt, die heute noch spürbar sind. Aber es konnte trotzdem ein funktionierender Wettbewerb entstehen.

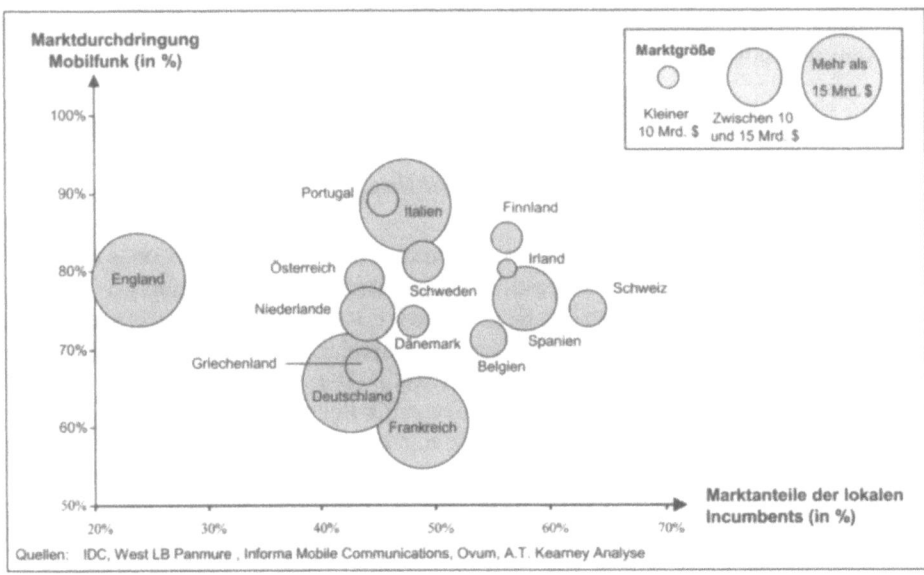

Abbildung 23:   Europäischer Mobilfunkmarkt

Allerdings ist es für die Unternehmen, die zuletzt in den Markt eingetreten sind, schwierig, mittelfristig die Gewinnzone zu erreichen und den weiteren Netzausbau für UMTS zu finanzieren. Auch groß angelegte Einsparprogramme können häufig nicht die geringen Umsätze, die aus den kleinen Marktanteilen resultieren, ausgleichen. Fallbeispiele wie der Rückzug von Vodafone aus Tele.ring, dem Vierten im österreichischen Markt, das Profitabilitätsultimatum für O2 Germany durch die Muttergesellschaft MMO2 und die Auflösung von Blu in Italien zeigen eindrucksvoll, wie wenig Spielraum auch den aktiven Spielern im durchaus stabilen GSM-Markt bleibt.

Die Umstände der Vergabe der UMTS-Lizenzen hat diese Situation noch zusätzlich belastet. Mit der Intention, neben den etablierten auch neuen Spielern den Eintritt in den mobilen Multimedia-Markt zu bieten, wurden x+1 oder sogar x+2 UMTS-Lizenzen versteigert. Ob die neuen Spieler in den bereits stark erschlossenen Märkten signifikante Marktanteile erzielen und die Gewinnzone erreichen können, ist angesichts der Schwierigkeiten der kleineren GSM-Spieler zweifelhaft. Berechnungen zeigen, dass mittelfristig nur zwei bis drei separate UMTS-Netze in jedem Land profitabel betrieben werden können. Es wurden jedoch bis zu sechs verschiedene Lizenzen vergeben, und die entsprechenden Lizenzauflagen lassen den Unternehmen bei formaler Auslegung derzeit keine andere Wahl, als ein eigenständiges Netz aufzubauen und die Funktionsherrschaft darüber auszuüben. So eröffnen die Lizenzauflagen kaum Optionen, wie die Kosten des Netzaufbaus zu senken wären:

National Roaming: Da die Auflagen zur zeitlich gestaffelten Netzabdeckung durch ein eigenes Netz erfüllt werden müssen, ist die Netzabdeckung durch National Roaming, d. h., das Zusammenschalten von geografisch getrennten Netzen in Deutschland und anderen europäischen Ländern, nicht erlaubt. Ganz anders in Norwegen, wo bereits in der Ausschreibung National Roaming vorgesehen war, um eine möglichst hohe Abdeckung des gering besiedelten Landes durch alle Anbieter sicherzustellen.

Network Sharing: Auch Network Sharing, d. h., die gemeinsame Nutzung von aktiven Netzwerkkomponenten, z. B. Basisstationen, durch mehrere Anbieter, ist in Deutschland nicht möglich. Dabei könnten durch die Vermeidung von parallelen Infrastrukturen insbesondere dort, wo die Infrastruktur in erster Linie der geografischen Abdeckung dient und ihre Kapazität nicht ausgenutzt wird, zwischen 20 und 40 Prozent der Kosten eines Netzaufbaus eingespart werden. Auch hier ist Skandinavien ein Vorreiter: In Schweden haben sich drei der Lizenznehmer zusammengetan, um gemeinsam ein Netz zur Abdeckung der Gebiete außerhalb der großen Städte aufzubauen und dessen Nutzung zu teilen.

Auch ein geregelter Ausstieg aus dem Markt ist bei den derzeitigen UMTS-Lizenzauflagen nicht möglich: Wie bereits in der Regulierungsagenda ausgeführt, ist ein Handel mit Frequenzen derzeit nicht möglich. Damit bleibt einem Lizenzhalter, der sich in einem Land aus UMTS zurückziehen will, keine Wahl, als die Lizenz an den Staat zurückzugeben. Doch diese Rückgabe der Lizenzen ist nicht mit irgendeiner Form der Rückerstattung von Geldern gekoppelt. Somit können die Lizenzinhaber nur ihre Milliarden an bezahlten Lizenzgebühren vollständig abschreiben – eine Hürde, die nicht leicht zu überschreiten ist. Im Fall der Rückgabe ist für die verbleibenden Lizenznehmer nicht klar, was mit der zurückgegebenen Lizenz passiert. Wird sie eventuell erneut ausgeschrieben, und wird ein neuer Spieler zu günstigeren Bedingungen in den Markt eintreten können?

Die derzeitigen Auflagen machen es schwer, die Anzahl der UMTS-Netze auf eine verträgliche Zahl zu reduzieren und damit einen gesunden, profitablen Wettbewerb zu ermöglichen. Doch allen Marktteilnehmern ist daran gelegen, dieses zu erreichen – den kleinen Spielern und den New Entrants, um die Kosten zur Erschließung der UMTS-Märkte gering zu halten und freie Mittel für die Vermarktung der Dienste zu verwenden. Den etablierten Spielern ist es wichtig, einen für alle ruinösen Preiskampf zu vermeiden, der im Vorfeld des möglichen Ausscheidens eines kleineren Spielers aus dem Markt entfacht werden könnte.

Angesichts des Wissens aller Marktteilnehmer um die kommende Konsolidierung stellt sich allen Spielern gleichermaßen die Frage, wie sie sich dazu optimal positionieren können. Grundsätzlich wird es notwendig sein, trotz der bisherigen Festlegungen im politischen Raum zu versuchen, eine Modifizierung der UMTS-Lizenzauflagen zu erreichen. Dazu zählt u. a. die Möglichkeit des Network-Sharing, damit Doppelinvestitionen in Standorte, Infrastruktur und Personal vermieden werden.

Die Zusammenarbeit im Netzwerkbereich ist ein wichtiger strategischer Schritt, der wohl überlegt sein muss. Aber nur wenn man die Endgame-Szenarien versteht, kann man diesen Hebel sinnvoll einsetzen. Dazu gilt es, die möglichen Konstellationen, die am Ende überleben könnten, zu beleuchten und die Wege dorthin zu identifizieren.

Dabei ist nicht nur die nationale Ebene zu betrachten, sondern auch die internationale Ebene. Auf Grund der Situation der globalen Mobilfunk-Anbieter, wie Vodafone, Orange, T-Mobile und anderen, stellt sich die Frage, welche Interessen jeder Spieler in den jeweiligen Ländern hat und wie er damit umgehen wird. Die weitere Konsolidierung auf der internationalen Ebene wird die Szenarien auf lokaler Ebene massiv beeinflussen und kann, wie bereits bei der Übernahmefolge von Mannesmann Mobilfunk/Vodafone sowie Orange/France Telecom im Jahr 2000, zu sich schnell ändernden Konstellationen führen. Die Vorbereitung auf die Konsolidierung ist damit die aktuelle zentrale strategische Frage, auf welche die Mobilfunk-Anbieter für sich eine Antwort finden müssen.

Revitalisierung der Incumbents

Im Festnetzbereich kam es nach der Liberalisierung zur Gründung vieler neuer Wettbewerber, die auf Grund der damaligen Regulierung primär die Nutzung von Arbitrage-Geschäften verfolgten, anstatt sich einem infrastrukturbasierten Wettbewerb zu stellen – im Gegensatz zum Mobilfunk, wo bereits konkurrierende Infrastrukturen aufgebaut wurden. Die weitere Entwicklung, geprägt von sinkenden Margen und dem Ausscheiden vieler neuer Wettbewerber aus dem Markt, hatte zur Folge, dass die ehemaligen Monopolisten die nationalen Märkte in Europa wieder stärker dominieren, jedoch auf einem deutlich niedrigeren Preisniveau.

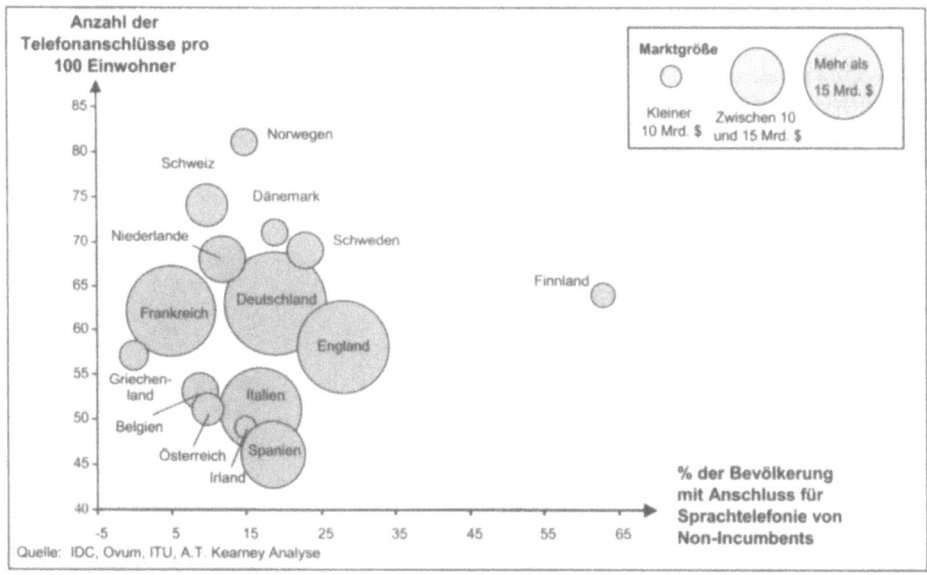

Abbildung 24: Festnetztelefonie-Markt Europa

Das ist erfreulich für die ehemaligen Monopolisten, da der Wettbewerbsdruck geringer wird. Die Incumbents laufen aber Gefahr, auf Grund ihrer verbleibenden nationalen Monopolstellung wieder vermehrt zum Zielobjekt der Regulierung zu werden. Deshalb liegt es im Interesse der Incumbents, den Wettbewerb im Festnetzbereich funktionsfähig zu halten.

Die Beispiele Intel/AMD und Microsoft in der Computerindustrie zeigen, wie wichtig der Wettbewerb auch zum Schutz vor regulatorischen Auflagen ist. Da Intel sich immer einen profitablen Wettbewerber AMD geleistet und ihn nur wohldosiert bekämpft hat, konnte Intel gerichtliche Auseinandersetzungen bisher vermeiden. Microsoft dagegen hat jegliche Form von Wettbewerb vehement bekämpft und steht nun vor einer Auseinandersetzung mit den Wettbewerbern und dem Gesetzgeber. Die Finanzspritze, die Microsoft der damals vor den Bankrott stehenden Firma Apple Ende der 90er Jahre gegeben hat, diente sicherlich auch dem Erhalt dieses Wettbewerbers, doch reichte die Unterstützung nicht aus, um das Image von Microsoft als dem Quasi-Monopolisten zu verändern und das Unternehmen damit aus der Schusslinie zu nehmen.

Einer ähnlichen Problematik sehen sich die Incumbents in der Telekommunikation gegenüber. Sie müssen einen Weg finden, den Wettbewerb stabil zu halten, um in ihrer Position nicht durch regulatorische Auflagen gefährdet zu sein. Um jedoch im Wettbewerb zu bestehen, müssen die schwerfälligen Incumbents ihre Kostenposition an die des agileren Wettbewerbs angleichen.

Strategie für die internationale Konsolidierung

Im internationalen Kontext haben die etablierten Spieler die Konsolidierung massiv vorangetrieben. Insbesondere im Mobilfunk, aber auch im Festnetz und im Online-Bereich haben die etablierten Marktteilnehmer europäische und zum Teil globale Positionen eingenommen.

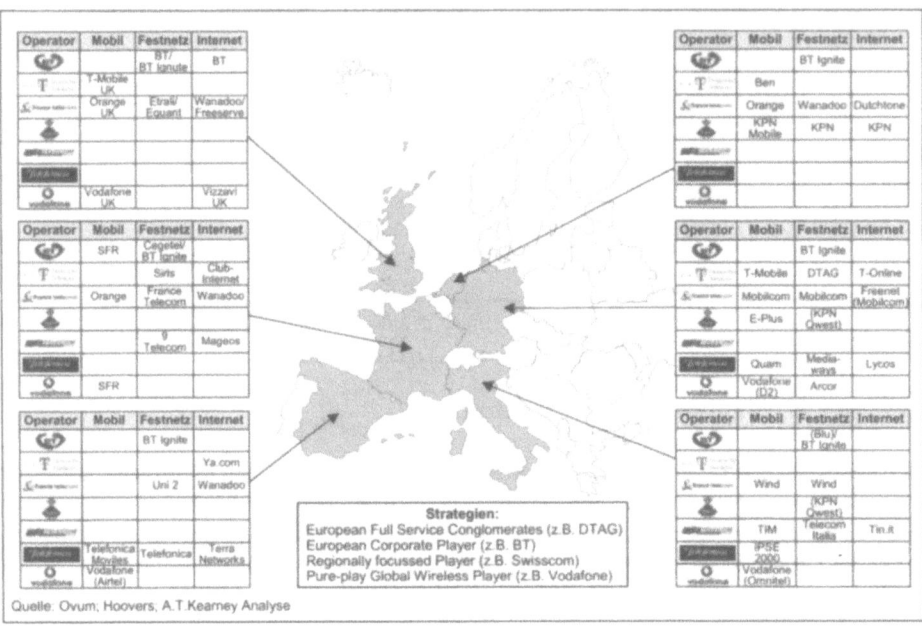

Abbildung 25: Europäische Niederlassungen der Incumbents

Wären die Schuldenberge nicht inzwischen auf Grund der Aufkäufe und der Lizenzgebühren dramatisch angestiegen, so würde der Expansionsdrang sicherlich weitergehen. Dies ist zumindest die Sicht vieler Investmentbanken und Private Equity Firmen, die heute vermehrt Interesse an der Übernahme von kleineren Incumbents (z. B. Telekom Austria, Czech Telekom, Bulgarische Telekom) und gut positionierten unabhängigen Mobilfunk-Anbietern (z. B. ERA in Polen) zeigen. Sie wollen hier Investitionen in der heute günstigen Marktlage tätigen und diese Unternehmen – sobald die Schuldenberge getilgt sind – gewinnbringend an die etablierten Marktteilnehmer abstoßen. Das alleine reicht als Geschäftslogik allerdings nicht aus: Welches grundlegende Ziel hat also die Internationalisierung wirklich?

Gerade im Festnetz sind nicht die Privatkunden, sondern nur internationale Geschäftskunden und andere Telekommunikations-Anbieter an einem Angebot aus einer Hand interessiert. Doch gerade um diesen vermeintlich lukrativen Teilmarkt kümmert sich bereits eine Vielzahl von verschiedenen Spielern, sowohl die Incumbents als auch neue Spieler wie Colt und Level 3. Die Insolvenz von KPNQwest, einem der größten Spieler im Corporate- und Carrier-Markt, zeigt, dass dieser Teilmarkt einem starken Wettbewerb ausgesetzt ist, der nicht zuletzt aus den massiven Investitionen in die Infrastruktur und den damit einhergehenden Überkapazitäten resultiert. Verschiedene Spieler, z. B. Telia, die ausgewählte Teile des KPNQwest-Netzes übernommen haben, nutzen jetzt die Gunst der Stunde, um ihre Präsenz in diesem Markt international auszubauen. Dennoch: Die Überkapazitäten bleiben vorerst bestehen und drücken auf die Attraktivität dieses Segments. Den Incumbents ist jedoch trotzdem klar, dass sie ohne diese internationale Präsenz ihre Marktanteile verlieren werden. So hat France Telecom Equant als internationalen Carrier übernommen und Swisscom lässt öffentlich verkünden, dass man seine Zukunft ohne internationalen Partner im Festnetz als gefährdet ansieht.

Neben der internationalen Präsenz zur kundenanforderungsgerechten Bearbeitung der Geschäftskundenmarktes steht die Ausschöpfung von Kostensynergien zunächst klar im Vordergrund. Wie immer, wenn zwei Unternehmen fusionieren, sind die Kostensynergien die Belohnung, wenn die nicht geringen Integrationsprobleme gelöst wurden.

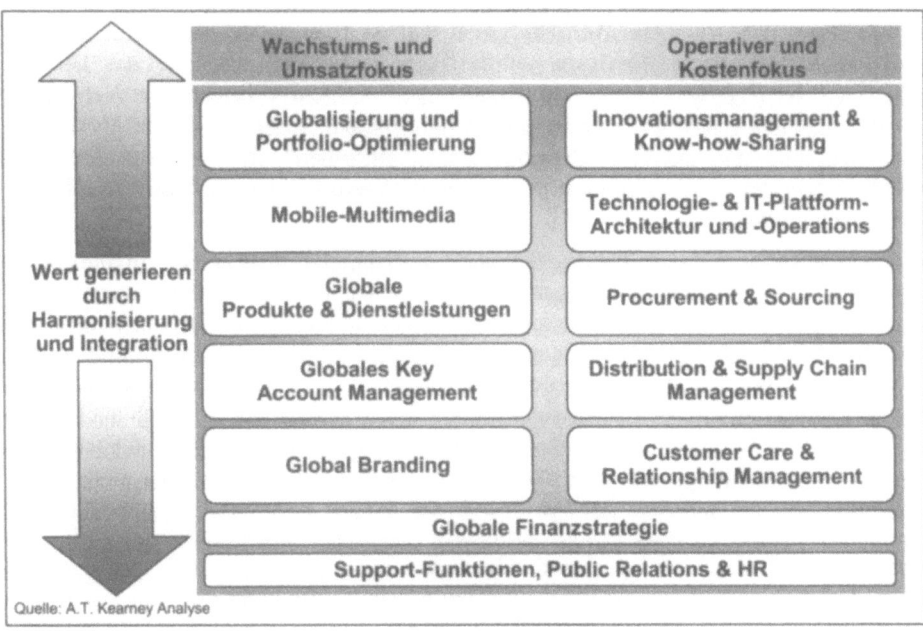

Abbildung 26: Ansatzpunkte für die globale Unternehmensintegration

Im Mobilfunkbereich wurden von den großen Spielern, wie Vodafone, Orange und T-Mobile, massive Integrationsprogramme aufgesetzt, die bisher nur teilweise zum gewünschten Erfolg geführt haben.

Angesichts der Finanzsituation muss die weitere Ausschöpfung dieser Synergiepotenziale klar im Vordergrund der Unternehmensstrategie stehen. Die Überwindung von Besitzstandsdenken, die Verlagerung von Kompetenzen und die Überwindung von kulturellen Barrieren sind hier gefordert, um die Synergien wirklich zu heben. Während in Einzelbereichen, z. B. dem Einkauf, schon entsprechende Erfolge gefeiert werden, liegen im globalen Key Account Management, in der Harmonisierung von Produkten, in der Harmonisierung und Integration der IT-Systeme und der Netzwerkplattformen sowie in der Integration der Supply Chain noch viele Potenziale brach. Doch gerade hier entstehen nicht nur Kostenvorteile, sondern auch Wachstumsoptionen durch bessere Marktbearbeitung, Branding und Ausschöpfung des Umsatzpotenzials eines jeden einzelnen Kunden.

Während die Telekommunikationsbranche hier noch wenig Erfahrung aufweisen kann, haben andere Industrien schon viele große und auch erfolgreiche Post-Merger-Projekte durchgeführt. So kann beispielsweise die in der Automobilindustrie verfolgte Plattformstrategie hier Impulse geben: Verschiedene Automobilmarken werden dabei in einen gemeinsamen Teil, u. a. das Antriebssystem und das Fahrgestell, und einen markenspezifischen Teil zerlegt. Übertragen auf die Telekommunikation bedeutet das: Die verschiedenen Netze stellen eine für den Kunden nicht sichtbare Plattform zur Verfügung, auf der allgemeine, aber auch länderspezifische Produkte aufsetzen. In der Mobilfunkwelt bilden die Netze und die IT-Systeme diese „Plattformen", die es gilt, mit ähnlichen Mitteln wie in der Automobilindustrie zu harmonisieren und damit effektiver und effizienter zu gestalten.

In Festnetzbereich befindet sich die Hebung von Synergien noch in der Anfangsphase, und die verschiedenen Beteiligungen werden „am langen Arm" geführt. Gerade hier liegen noch viele unbearbeitete Potenziale verborgen. So bieten die Harmonisierung und Integration des Einkaufs zur Erzielung von Skaleneffekten und Einkaufsvorteilen geeignete Ansatzpunkte, die bereits im Mobilfunkbereich, z. B. bei den Vertragsabschlüssen für das UMTS Equipment, zu massiven Einsparungen geführt haben. Doch auch durch die erwähnte Harmonisierung der Plattformen, durch Koordination der Produktentwicklung und durch Nutzung von Best-Practices innerhalb der Gruppe können mittelfristig Synergiepotenziale gehoben werden. Durch die höhere technische Komplexität, die zahlreichen Legacy-Systeme und die nationalen Eigenarten sind diese Synergien sicherlich schwerer zu heben als im Mobilfunkbereich. Dennoch sollten sich die Unternehmen darauf konzentrieren, wenn die internationalen Beteiligungen nicht mehr nur als temporäre Finanzbeteiligungen verstanden werden sollen.

Insgesamt wird die internationale Konsolidierung sowohl im Mobilfunk als auch im Festnetzbereich weiter voranschreiten. Sie wird auch auf Grund der hohen Schuldenlast der Hauptmarktteilnehmer gefördert beziehungsweise gebremst. Wenn jedoch die internationale Präsenz und die inhärenten Synergien nicht genutzt und die Beteiligungen nur als Finanzbeteiligungen verwaltet werden, werden die Aktionäre bald fragen, worin der Nutzen der Investitionen besteht.

Der europäische Telekommunikationsmarkt wird in den nächsten Jahren weiterhin einen rapiden Wandel durchlaufen. Die Konsolidierung der Festnetzmärkte und der Mobilfunkmärkte, die Revitalisierung der Incumbents und die stärkere Integration über die geografischen Grenzen hinweg werden zu einem veränderten Bild der Unternehmenslandschaft führen. Aber der Weg dorthin ist genauso wie das Endszenario noch nicht festgelegt. Die Marktteilnehmer können mit zahlreichen Hebeln das Ergebnis beeinflussen. Doch um zu wissen, wie und wann sie zu betätigen sind, ist ein klares Verständnis des Ziels, des bevorzugten Endgames, notwendig.

3.2 Vom Preis- zum Differenzierungswettbewerb im Ortsnetz

Das Ortsnetz setzt sich zusammen aus Verbindungen zwischen den Endteilnehmern und den weiterführenden Netzen, den Fernnetzen, die auch als Teilnehmeranschlussleitungen (TAL) bezeichnet werden. Die Deutsche Telekom betreibt den überwiegenden Teil der Teilnehmeranschlussleitungen in Deutschland und verbindet so private Haushalte, Büros und Fabriken mit dem globalen Sprach- und Datennetz. Darüber hinaus haben sich in den größeren Städten Deutschlands City Carrier etabliert, die ebenfalls Netzinfrastrukturen aufgebaut haben und so in der Lage sind, ihren Kunden eine alternative Teilnehmeranschlussleitung anbieten zu können.

Mit der Einführung neuer Übertragungstechnologien wächst die Bedeutung der Teilnehmeranschlussleitung. Als die Kupferkabel für das Ortsnetz verlegt wurden, konnten darüber zu Beginn nur Telefongespräche geführt werden. Ende der 80er Jahre erfuhr das Kupferkabel durch ISDN, den digitalen Telefonstandard, eine erste Aufwertung. Doch die wirkliche Revolution im Ortsnetz setzte mit der Einführung von DSL ein. DSL erlaubt es dem Teilnehmer, sich breitbandig mit dem Internet zu verbinden. Damit hat sich das Ortsnetz zur wichtigsten Kommunikationsschlagader für die Nutzung von Sprach- und Datendiensten entwickelt. Wohlgemerkt: Es handelt sich dabei immer um den gleichen Kupferdraht. Durch bessere Nutzung der technischen Übertragungskapazitäten wird so der Kupferdraht Stück für Stück zum Multimedia-Zubringerdienst ausgebaut. Bereits heute sind Video-on-Demand-Dienste über genau den Kupferdraht abrufbar, über den man vor 15 Jahren lediglich Telefongespräche führen konnte. Und die Entwicklung geht weiter. So wurden dieses Jahr bereits erweiterte DSL-Dienste im Markt eingeführt, die auf dem Ortsnetz die zweifache DSL-Übertragungskapazität realisieren und damit in einen Bereich vordringen, der bisher der Fernsehübertragung vorbehalten war: Sie können Bewegtbilder in gewohnter TV-Qualität transportieren.

Bisher hat sich das Wettbewerbsumfeld im Ortsnetz für die Deutsche Telekom auf regionale oder lokale City Carrier mit eigener Infrastruktur sowie auf Fernnetzbetreiber mit angemieteter Teilnehmeranschlussleitung beschränkt. Letztere mieten die Teilnehmeranschlussleitung von der Deutschen Telekom zu einem vom Regulierer festgesetzten Preis, sodass die DTAG indirekt auch von der Bereitstellung des Dienstes durch ihre Wettbewerber profitiert. Die vom Wettbewerb geschalteten Festnetzanschlüsse auf Basis gemieteter Teilnehmeranschlussleitungen ist aber mit 477.000 (Stand 2001) gegenüber denen der Deutschen Telekom mit ca. 30 Mio. Analog- und 10 Mio. ISDN-Anschlüssen verschwindend gering. Immerhin reicht die Zahl der Stadtnetzbetreiber und Regional-Carrier aus, um die Deutsche Telekom, die nach wie vor das Leitungsmonopol auf der letzten Meile zum Anschluss besitzt, herauszufordern. Zu den Herausforderern gehören Unternehmen wie NetCologne in Köln, M-Net in München und Berlikomm in Berlin.

EU-Vorgabe zur Betreiberauswahl für Ortsnetzverbindungen

Zur Umsetzung EU-rechtlicher Vorgaben soll nach Planungen der Bundesregierung die Betreibervorauswahl für Ortsnetzverbindungen (Call-by-Call im Ortsnetz) eingeführt werden. Weitergehende Änderungen, beispielsweise begleitende Infrastrukturanforderungen für künftige Anbieter von Ortsnetzverbindungen, sind bislang nicht vorgesehen.

Die so geplante Einführung der Carrier Selection droht das gegenwärtige Marktgefüge im Ortsnetz- und Regionalbereich erheblich zu stören, und das rasche Vordringen der bislang auf Fernverbindungen fokussierten Verbindungsnetzbetreiber in die Ortsnetze ist zu erwarten.

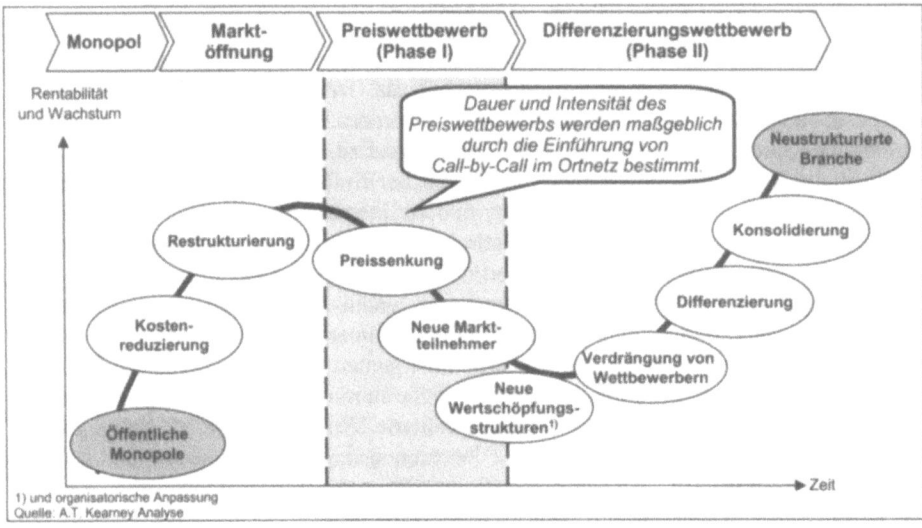

Abbildung 27:   Entwicklung des Preiswettbewerbs nach Einführung von Call-by-Call im Ortsnetz

Durch die Einführung des Call-by-Call im Ortsnetz werden die Markteintrittsbarrieren signifikant herabgesetzt. Es ist damit zu rechnen, dass neue Marktteilnehmer auf den Markt drängen, u. a.:

Verbindungsnetzbetreiber: Billig-Anbieter von Sprach- und Datendiensten (Discounter), die bisher nur im Fernnetz tätig waren.

Lokale/regionale Gesellschaften: Unternehmen, die in der Region oder in der Stadt bereits über ein adäquates Distributions- oder Vertriebsnetz verfügen und ihr Produktportfolio um Telefondienstleistungen ergänzen wollen.

Mehrwertdienste-Anbieter: Anbieter, die die Betreibervorauswahl für Ortsverbindungen mit lokalen Mehrwert-Diensten koppeln und so ein attraktives Dienstebündel zusammenstellen.

Ein Preisverfall wird mit dem zu erwartenden Verdrängungswettbewerb einhergehen und die infrastrukturbasierten Geschäftsmodelle der City Carrier bedrohen. Die potenziellen Auswirkungen betreffen dabei besonders das Privatkundengeschäft. Es wird schwieriger sein, neue Marktanteile zu gewinnen und die bisherigen Kunden zu binden.

Insgesamt könnte die Einführung von Call-by-Call im Ortnetz zur Verdrängung von City Carriern aus dem Privatkundengeschäft führen. Damit ginge eine relative Entwertung der in den vergangenen Jahren getätigten Milliardeninvestitionen in Orts- und Regionalinfrastruktur einher, und die Anreize zum weiteren Infrastrukturausbau und damit infrastrukturellem Wettbewerb würden sinken. Auch das Ortsnetzgeschäft der Deutschen Telekom wird mit der Einführung von Call-by-Call im Ortnetz und dem daraus entstehenden Preiswettbewerb im gleichen Maße wie das der City Carrier bedroht.

Der wahre Gewinner bei diesem Spiel ist der Verbraucher, denn er profitiert vom Preiswettbewerb. Wenn dies das Ziel der EU sein sollte, dann muss gesagt werden, dass es bereits heute erreicht ist – *ohne* Betreibervorwahl im Ortsnetz. Einige City Carrier, wie das Hamburger Unternehmen Hansenet, lassen ihre Kunden bereits gratis im Hansenet telefonieren. Die Frage ist, ob diese Entwicklung schon die Zukunft der Preisentwicklung im Ortsnetz abbildet. In jedem Fall müssen sich die bestehenden Ortsnetzbetreiber, insbesondere die Deutsche Telekom, auf ein verändertes Marktumfeld einstellen. Dies gilt sowohl für die von der EU geforderte Einführung der Betreiberauswahl im Ortnetz als auch bei der in der Regulierungsagenda vorgestellten Regionalisierung des entbündelten Teilnehmeranschlusses.

Differenzierungsstrategien zur langfristigen Kundenbindung

Das Wettbewerbumfeld wird sich durch die Einführung der Betreibervorauswahl für Ortsnetzverbindungen vom Preiswettbewerb zum Differenzierungswettbewerb entwickeln. Unternehmen, die bereits im Markt infrastrukturbasierte Dienste anbieten, müssen die gesamte Geschäftsstrategie darauf ausrichten, die Phase des Preiswettbewerbs möglichst schnell zu verlassen und bald in die Phase des Differenzierungswettbewerbs einzutreten.

Zunächst sollten die Unternehmensziele an das veränderte Marktumfeld im Ortsnetz angepasst werden. Eckpunkte einer Neuausrichtung der Unternehmensziele sind die Neubestimmung der Wachstums- und Rentabilitätsziele sowie eine Definition des relevanten Marktes. Die Zielvorgaben modellieren die Auswahl des Geschäftsmodells. Auf Basis des Geschäftsmodells werden Strategien zur operativen Umsetzung und zur Implementierung des Geschäftsmodells bestimmt. Die nachhaltige Bindung der Kunden sollte zu den Zielen der Unternehmen gehören, und besonders die Produkt- und Preisstrategie, die Kommunikations- und die Vertriebsstrategie sollten auf Handlungsbedarf abgeklopft werden.

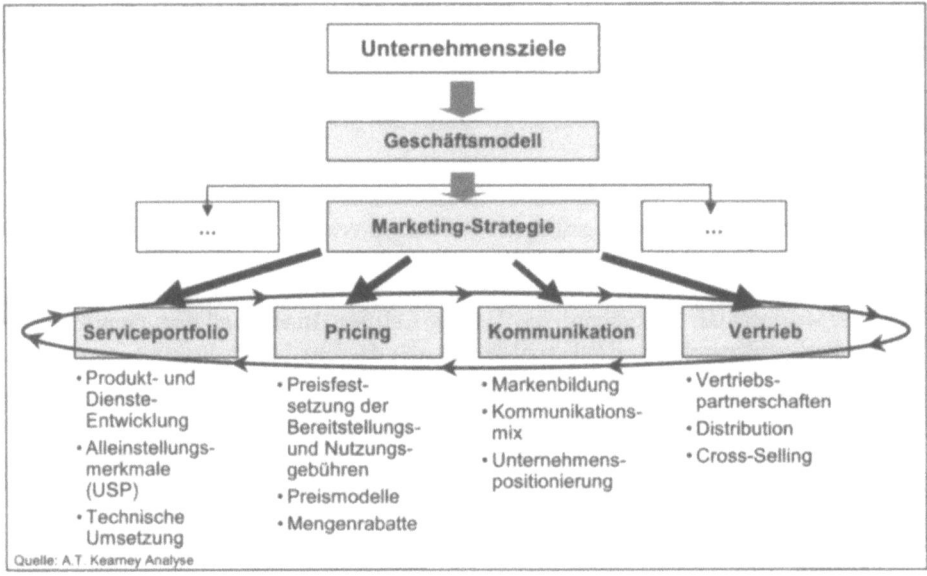

Abbildung 28: Anpassung der Geschäftsstrategie zur langfristigen Kundenbindung

Serviceportfolio & Pricing: Zur Definition eines erfolgreichen Portfolios an Produkten und Dienstleistungen müssen Serviceideen in Kombination mit attraktiven Preismodellen generiert werden, die die tatsächlichen Bedürfnisstrukturen der einzelnen Kundensegmente widerspiegeln. Es ist zielführend, sich dazu in anderen Märkten und anderen Branchen nach Best-Practice-Beispielen umzusehen und die Kundenkreise und ihre Bedürfnisstrukturen zu segmentieren und zu priorisieren. Danach ist festzulegen, welche Dienstleistungen anzubieten sind: Welche Servicebausteine befriedigen welche Bedürfnisse, und wie können diese zu Bündeln zusammengefasst werden? Die endgültige Definition des Serviceportfolios ist als iterativer Abstimmungsprozess mit den nachgelagerten Phasen Pricing, Kommunikation und Vertrieb zu verstehen.

Für die Zusammenstellung eines Serviceportfolios im Ortnetz kann zwischen den drei Servicebausteinen Sprache, Daten und Mehrwertapplikationen unterschieden werden. Innerhalb der Sprachdienste ist zwischen Ortsgesprächen zu unterscheiden, die beim Kunden der gleichen Gesellschaft terminiert werden und Ortsgesprächen, die beim Wettbewerber terminiert werden. Darüber hinaus ist zwischen Ferngesprächen (inkl. Auslandsgesprächen) und Gesprächen zu Mobilfunkbetreibern zu unterscheiden. Soll der Kunde zu einem alternativen Ortsnetzbetreiber wechseln, so erwartet er einen Vorteil gegenüber dem bisherigen Leistungserbringer, der in der Regel die Deutsche Telekom ist. Zu erwarten ist, dass der Preis oder die Tarife wesentliche Unterscheidungsmerkmale bilden. Bei der Datenkommunikation ist ein wesentliches Kriterium die zeit- und volumenabhängige Tarifierung der Datenübertragung. Wählverbindungen werden heute zeitabhängig verrechnet. Ein innovatives Preismodell wäre für die Wählverbindungen beispielsweise die Tarifierung einer Datenverbindung in das Internet nach dem übertragenen Volumen oder im Rahmen eines pauschalierten Verbindungspreises (Flat Fee). Im Bereich der Mehrwertdienste könnten netzbasierte Anrufbeantworter mit der Voicebox der Mobilfunkanschlüsse zusammengeschaltet oder ortsbezogene Informationsdienstleistungen (Wetter, Straßenzustand, Veranstaltungskalender etc.) angeboten werden.

Vor dem verschärften Preiswettbewerb können sich die bestehenden infrastrukturbasierten Anbieter also mit alternativen Preismodellen in Kombination mit einem erweiterten Serviceangebot schützen. Dabei kann es notwendig werden, bestehende Tabus in der Ortsnetztarifierung, wie das Flat Fee Pricing, für ausgewählte Serviceleistungen zu brechen, um sich so nachhaltig vom Wettbewerb zu differenzieren und die Kundenbindung langfristig zu erhalten. Eine weitere Alternative zur nachhaltigen Sicherung des Kundenbestands ist das Produkt-Bundling in Kombination mit innovativen Preismodellen, um ein Alleinstellungsmerkmal zu sichern, das den Anbieter vom rein preisbasierten Ortsnetzwettbewerb differenziert.

Kommunikation & Vertrieb: Ein Unternehmen, das sich erfolgreich im Ortsnetzgeschäft positionieren möchte, muss sich auch in der Außenwirkung wirkungsvoll vom Wettbewerb abheben. Um dies zu erreichen, sind sowohl die Kommunikationsstrategie als auch der Vertrieb dem neuen Marktumfeld anzupassen. Im Bereich Kommunikationsstrategie wird zum Beispiel die zielgruppenorientierte Ansprache der Kundensegmente zum wichtigen Element. Dazu stehen verschiedene Kommunikationskanäle, wie klassische Printwerbung, Direct Mailing, Plakatwerbung, aber auch Radiospots und eigene Informationsbroschüren sowie der Internetauftritt, zur Verfügung. Jeder dieser Kommunikationskanäle eignet sich unterschiedlich gut für die Übermittlung der Werbebotschaften. Die Abstimmung der Werbebotschaften mit den zur Verfügung stehenden Kommunikationskanälen ergibt einen für das Unternehmen und für die Kundenzielgruppen optimalen Kommunikationsmix.

Im Vertrieb ist die Auswahl geeigneter Distributionskanäle von entscheidender Bedeutung. Maßnahmen zur erfolgreichen Aktivierung der Distributionskanäle beinhalten u. a. die Identifizierung kompatibler Vertriebspartner und die Nutzung der bestehenden Kundenbasis als weitere Absatzquelle.

Ortsnetzbetreiber sollten bis zur Einführung der Betreibervorauswahl und dem damit verbundenen Wettbewerb systematisch geeignete Vertriebspartnerschaften auf lokaler bzw. regionaler Basis prüfen. Dies gilt insbesondere im Hinblick auf Produkt-Bundling mit anderen Leistungserbringern, z. B. dem öffentlichen Nahverkehr. Dieses Bundling kann sich auf eine Partnerschaft zur gemeinsamen Nutzug von Vertriebskanälen beziehen, kann aber auch eine Partnerschaft bei der Leistungserstellung bedeuten. So könnte ein Ortsnetzbetreiber seinen Kunden Freiminuten für Ortsgespräche gutschreiben, wenn dieser sich eine Monatskarte im öffentlichen Nahverkehr ausstellen lässt, oder ein Energieversorger kann Bundling von monatlicher Strom- und Telefongrundversorgung anbieten.

Zusammenfassend ist festzuhalten, dass sich die Infrastruktur des Ortsnetzes, insbesondere die Teilnehmeranschlussleitung, vom Telefondienst zum Multimedia-Zubringerdienst wandelt. Damit ist die Möglichkeit für ein neues Serviceportfolio verbunden, das die Ortsetzbetreiber auch vor neue technische und unternehmerische Herausforderungen stellt. Zusätzlich setzt die von der EU geforderte Einführung der Betreiberauswahl im Ortsnetz die Markteintrittsbarrieren signifikant herab, sodass ein harter Preiswettbewerb die Folge sein wird. Bestehende Ortsnetz-Anbieter – allen voran die Deutsche Telekom, aber auch die alternativen Carrier – sollten mit einer geeigneten Marketing-Strategie schnell den aktuellen Preiswettbewerb in einen Differenzierungswettbewerb überführen.

3.3 Intelligente Wege zur Medienkommunikation im Kabel

Sowohl potenzielle Kabelnetzinvestoren als auch Medienunternehmen, Internet Service Provider und Betreiber von Online-Diensten stehen heute vor der Frage, ob und wie sich ein Engagement im deutschen Kabelnetz rechnet. Eine ähnliche Frage stellte sich im Dezember 1989 in ähnlicher Weise dem deutschen Röhrenbauer Mannesmann, als er die erste private Lizenz für das digitale GSM-Mobilfunknetz erhielt. Heute wissen wir, dass dieser Markt eine Erfolgsstory wurde und dass Mannesmann mit seinem mutigen Engagement den Turnaround vom zyklischen Industrie- zum modernen Telekommunikationsunternehmen geschafft hatte, bevor die Übernahme durch Vodafone erfolgte. Wird das deutsche Kabelnetz eine ähnliche Erfolgsstory? Die Voraussetzungen dafür sind geschaffen, schließlich ist das Kabelnetz heute schon in 21 Millionen Haushalten fester Bestandteil der Mediennutzung und hat damit eine ähnliche Reichweite wie das Mobilfunknetz mit ca. 55 Mio. Teilnehmern erreicht.

Das Marktpotenzial des Kabelfernsehens umfasst typischerweise neben der klassischen Broadcast der TV-Programmanbieter, also dem öffentlich-rechtlichen und privaten Rundfunk, auch die Verbreitung digitaler Inhalte-Dienste, die Bereitstellung von Sprachdiensten (Telefon) und einen schnellen Internet-Zugriff. Damit wird der Kabelanschluss zur ernsthaften Konkurrenz für Telefondienste-Anbieter, Internet Service Provider, Online-Dienste und zur kreativen Schatzkammer für neue interaktive Mediendienste. Letzteres mit einem entscheidenden Alleinstellungsmerkmal, nämlich dem Zugang ins heimische Wohnzimmer. „Lean-Back-Haltung" nennt der Fachmann die entspannte Atmosphäre, in der bundesdeutsche Familien allabendlich den wohlverdienten Feierabend genießen und dazu das Kabelangebot in Anspruch nehmen. „Lean-Forward-Haltung" wird im Gegensatz dazu beispielsweise eine Internet-Session genannt, die in den meisten Fällen am PC stattfindet und damit in einer weit weniger entspannten Atmosphäre.

„Lean back" ist denn auch der Startpunkt für eine neue Generation von Unterhaltungsdiensten, die erst durch die digitale und rückkanalfähige Umrüstung des Kabelnetzes möglich wird. Diese Umrüstung hat in vielen Teilen der US- und der europäischen Netze bereits stattgefunden und erfordert zugegebenermaßen beträchtliche Investitionen in Netztechnologie und Vermittlungseinheiten. Die Umrüstung wird aber auch zu einer völlig neuen Generation von TV-Diensten führen: Wer sagt denn, dass die Tagesschau immer um 20 Uhr beginnen muss? Eine neue Generation von TV-Diensten kann Fernsehsendungen im Kabelnetz genau dann zur Verfügung stellen, wenn der Kunde es wünscht und somit das feste Programmschema der Fernsehsender verlassen. In den USA gibt es unter den Namen Tivo und Replay schon die ersten Vorläufer dieser Dienste, die mittels einer speicherfähigen Settop-Box eine Programm-Zusammenstellung nach persönlichen Sehpräferenzen und zu jedem gewünschten Zeitpunkt ermöglichen. In der Praxis bedeutet dies, dass die neue Generation der Kabeldienste bereits mit einer Zusammenstellung der vorher ausgewählten Programmbeiträge auf den Kunden wartet und mit der Sendung seines Programms beginnt, sobald er das Fernsehgerät anschaltet, sich entspannt zurücklehnt und die Tagesschau also genau dann sieht, wenn er dazu bereit ist und nicht, wenn der Fernsehsender der Meinung ist, dass es sich um den richtigen Zeitpunkt zur Ausstrahlung handelt.

Case: Tivo/Replay: Vorboten eines neuen Geschäftsmodells für PersonalTV mit beträchtlichem Bedrohungspotenzial für die TV-Sender

Tivo und Replay, das ist ein US-amerikanisches Serviceangebot für einen völlig neuartigen Dienst, der das Fernsehgeschäft revolutionieren kann. Die Rede ist von einer speicherfähigen Settop-Box, die in der Lage ist, aus allen verfügbaren TV-Sendern für jeden Nutzer ein individuelles Programm zusammenzustellen, das jederzeit abgerufen werden kann. Gesteuert wird die Settop-Box durch eine Bedienerführung am TV-Gerät. Setzt sich diese neue Dienste-Generation durch, so ist dies eine Bedrohung für das klassische TV-Geschäft. Denn die TV-Anbieter müssen tatenlos zuschauen, wenn sich der Tivo-/Replay-Programmselector zwischen das laufende Programm und den Zuschauer stellt und bei Werbeeinblendungen, die das Brot-und-Butter-Geschäft der TV-Sender sind, einfach vorspult. Den Tivo-/Replay-Geräten fällt so die Rolle eines Intermediärs zu, der sich zwischen dem Zuschauer und dem TV-Sender positioniert und durch intelligente Programmzusammenstellung und die Möglichkeit zum zeitversetzten Sehen einen Mehrwert anbietet. Obwohl solche Geräte in Deutschland zu marktfähigen Preisen (noch) nicht verfügbar sind, wäre ein entsprechender Dienst netzseitig – also ohne Zwischenspeicherung in der Settop-Box – als innovatives Geschäftsmodell für digitale Dienste-Anbieter im Kabel sehr wohl eine realistische Vorstellung.

Abbildung 29:   Internet-Auftritt des Tivo-Dienstes (www.tivo.com)

Wem die Vision dieser neuen Generation von Unterhaltungsdiensten zu progressiv erscheint, der sei noch einmal an das Beispiel Mannesmann erinnert, dessen fortschrittliches Denken dazu geführt hat, die Entwicklungschancen des GSM-Mobilfunkmarktes richtig einzuschätzen und zum richtigen Zeitpunkt zu investieren. Denn mit der Einführung von GSM hat sich das Kommunikationsverhalten in Deutschland grundlegend geändert – eine ähnliche Entwicklung könnte sich durch die Einführung einer neuen Generation von Unterhaltungsdiensten im Kabelnetz wiederholen und den Unternehmen, die sich zum richtigen Zeitpunkt entschließen, in diese Dienste zu investieren, satte Gewinne bescheren. Rein technisch ist das Kabelnetz geeignet, durch entsprechende Auf- und Umrüstung diese neue Generation von Unterhaltungsdiensten zu gewährleisten. Dies zeigt schon ein Blick ins europäische Ausland, denn dort sind Sprachtelefonie, Internet-Surfen und Video-on-Demand-Dienste über das Kabelnetz längst verfügbar.

So ist es durchaus denkbar, dass sich deutsche Kabelnetzbetreiber und Kabeldienste-Anbieter durch innovative Unterhaltungsdienste zukünftig eine Scheibe vom 4,5 Mrd. Euro umfassenden TV-Werbemarkt abschneiden und im 356 Mio. Euro großen Videoverleihmarkt und im 800 Mio. Euro PayTV-Markt Marktanteile erobern. Auch ist es denkbar, dass diese Unternehmen durch die Aufwertung des Kabels zum Telefonanschluss Marktanteile am 28 Mrd. Euro großen festnetzbasierten Markt für Sprachtelefonie erobern. Und schließlich ist eine Anteilsverschiebung im 8 Mrd. Euro großen Internet-Access-Markt zu Gunsten der Kabelnetzbetreiber und Kabeldienste-Anbieter denkbar, denn ein Kabelanschluss lässt sich auch zum schnellen Internet-Surfen verwenden.

Geschäftsmodelle zur Erschließung des Kabeldienste-Marktes

Die Marktteilnehmer, die an der Erbringung von Kabeldienstleistungen interessiert sind, werden sich nun fragen, ob und wie sie sich die Potenziale des Kabelmarktes erschließen können. Eine wichtige Prämisse wird es dabei sein, das Alleinstellungsmerkmal des Kabelanschlusses, nämlich den multimedialen Online-Zugang zum Wohnzimmer, gewinnbringend zu nutzen und die Frage zu beantworten, welche Bereitschaft der Kunde zeigt, sein Medien- und Telekommunikationsbudget zu erhöhen oder umzuwidmen.

Grundsätzlich sind vier Geschäftsmodelle denkbar, mit denen Anbieter von Kabeldiensten neue Kundenpotenziale erschließen können. Diese Modelle haben sich bereits in Ländern wie den USA, Großbritannien und den Niederlanden etabliert. Keines dieser Geschäftsmodelle ist jedoch die „Killerapplikation" von morgen, sondern lediglich eine realistische Option auf ein klar zu identifizierendes Marktpotenzial. Vor übertriebenem Optimismus muss jedenfalls gewarnt werden, denn der Kabelmarkt wird auch in Deutschland keinen zweiten New Economy-Boom hervorbringen. Unternehmen, die sich für einen Markteinstieg in das Kabelnetz interessieren, sollten überzogene Börsenfantasien und die Hoffnung auf den schnell verdienten Euro hinter sich lassen und sich wieder auf alte Tugenden besinnen, also die Tugenden, die Werthaltigkeit eines Dienste-Angebots, die kostenbewusste Implementierung und eine solide finanzierte Expansionsstrategie in den Vordergrund stellen. Dazu gehört auch eine wohldosierte Investitionspolitik für den technologischen Ausbau des Kabelnetzes. Mit vier unterschiedlichen Geschäftsmodellen können Marktteilnehmer sich im Kabelmarkt behaupten oder in den Kabelmarkt eintreten.

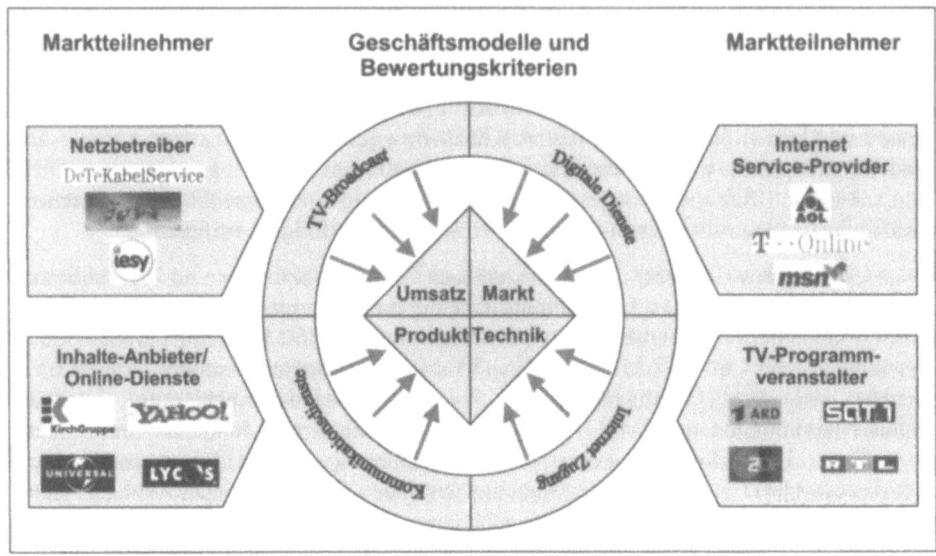

Abbildung 30: Übersicht zur Bewertung der Geschäftsmodelle aus der Sicht der jeweiligen Marktteilnehmer

Geschäftsmodell TV-Broadcast: Dieses Geschäftsmodell entspricht dem Stammgeschäft und beinhaltet die Verbreitung von Rundfunkdiensten im überwiegend analog ausgebauten Kabelnetz. Dieser ist durch zahlreiche Verordnungen auf Landes- und Bundesebene geregelt, die, wie in der Regulierungsagenda vorgestellt, sowohl Preise als auch Inhalte und Zugang überwachen. Von diesem Markt ist insgesamt wenig Innovationspotenzial zu erwarten, aber er zeichnet sich durch eine konstante Nachfrage aus, die es der Deutschen Telekom als dem größten Kabelnetzbetreiber immerhin ermöglicht, mit der Bereitstellung dieses Dienstes einen monatlichen Umsatz von etwa 6 Euro mit jedem angeschlossenen Haushalt zu erwirtschaften.

Das Geschäftsmodell TV-Broadcast basiert im Wesentlichen auf Werbeeinnahmen und bei öffentlich-rechtlichen TV-Sendern auch auf Rundfunkgebühren. Zusammengenommen ist der TV-Broadcast eine fest etablierte Größe im deutschen Medienbetrieb. Seine Reichweite, also die Anzahl der Zuschauer, die ein Programm verfolgen, ist die zentrale Stellschraube für die Kalkulation der Werbeeinnahmen. Die Attraktivität eines Programms muss sich am Wettbewerb messen lassen, der im Zweifelsfall nur einen Fernbedienungsclick weit weg ist und dem Zuschauer zeitgleich zur Verfügung steht. Die Markteintrittsbarrieren sind hoch. Entscheidend für die erfolgreiche Ausstrahlung eines

TV-Programms ist es, einen der begehrten Kabelplätze zu ergattern. Diese werden je nach Bundesland in einem komplizierten Rangfolgeverfahren vergeben, das öffentlich-rechtliche Senderfamilien, lokale Sender und schließlich private Vollprogramm-Anbieter bevorzugt. Um einen der begehrten Sendeplätze zu bekommen, richten sich die privaten Vollprogramm-Anbieter nach den Vorgaben der Landesmedienanstalten. Dies ist einer der Gründe, warum es den Rundfunksendern schwer fällt, sich ausreichend vom Wettbewerb zu differenzieren. Die technischen Hürden zur Bereitstellung der TV-Dienste sind jedoch niedrig, da die gesamte Netztechnik zum Zwecke der TV-Übertragung errichtet wurde und auch der primäre Zweck der TV-Geräte der Empfang von Programmen ist.

Geschäftsmodell Digitale Dienste: Dieser Geschäftsbereich birgt das größte Innovationspotenzial. Er umfasst neben der Bereitstellung der bereits analog ausgestrahlten TV-Programme in digitaler Empfangsqualität die Übertragung von PayTV-Programmen wie Premiere. Darüber hinaus ist eine ganz neue Generation von Unterhaltungsdiensten vorstellbar: beispielsweise Video-on-Demand (VoD), eine personalisierte Programmzusammenstellung wie eingangs beschrieben und ein erweiterter Zugriff auf Senderfamilien ausländischer Programmanbieter. Diese neue Generation von Unterhaltungsdiensten umfasst aber auch interaktive Dienste, die in Kombination mit dem laufenden TV-Programm einen entsprechenden Mehrwert generieren können. Dazu zählen beispielsweise Shopping-Angebote zur laufenden Sendung oder ein Gewinnspiel zur Unterstützung einer Werbeeinblendung.

Das Geschäftsmodell Digitale Dienste basiert also auf der Implementierung einer neuen Generation personalisierter und interaktiver Mediendienste, deren Erfolgsfähigkeit in Teilen noch bewiesen werden muss. So konnte sich der digitale PayTV-Sender Premiere nicht wirklich durchsetzen – und dies trotz exklusiver Fußball-Übertragungsrechte und subventionierter Endgeräte. Andere Dienste wie Video-on-Demand müssen ihre Erfolgsfähigkeit am deutschen Markt erst noch unter Beweis stellen. In Ländern wie USA oder Großbritannien wurden bereits erste Erfahrungen mit interaktiven Diensten gesammelt: Beispielsweise bietet das Unternehmen Intertainer in den USA Kabelkunden, bisher noch erfolglos, in ausgewählten Gebieten interaktive videobasierte Unterhaltung an. In Deutschland scheiterte sogar der einzig nennenswerte Versuch der Bertelsmann Broadband Group, digitale und interaktive Dienste zur Marktreife zu bringen, am mangelnden Konzept, an einer diffusen Implementierungsstrategie und letztendlich auch am ungeeigneten Content. Zur Bewertung des Umsatzpotenzials von digitalen Diensten gibt es keine verlässlichen Erfahrungswerte. Sinnvoll ist eine Analyse der Value Proposition im Vergleich zu der eines vergleichbaren Wettbewerberproduktes zur Abschätzung des Marktpotenzials. So muss sich ein VoD-Dienst zum Beispiel am Videoverleih messen lassen, denn der Konsument hat prinzipiell die Möglichkeit, sein Bedürfnis nach selektiver Unterhaltung auch dort zu befriedigen. Das Differenzierungspotenzial digitaler Dienste ist groß, denn noch gibt es die freie Wahl der Dienste-Konfiguration mit einem hohen Maß an Möglichkeiten zu Personalisierung und Interaktion. Allerdings ergeben sich auch hohe Markteintrittsbarrieren auf Grund der Komplexität der technischen Integration der Dienste und der Höhe der finanziellen Vorabinvestitionen.

Geschäftsmodell Kommunikationsdienste: Dieser Geschäftsbereich umfasst in erster Linie Sprachdienste, also Telefongespräche, die über das Kabelnetz abgewickelt werden können. Darüber hinaus sind Multimedia-Messaging-Dienste vorstellbar, die eine Übertragung von Bildern oder sogar Videokonferenzen ermöglichen.

Das Geschäftsmodell Kommunikationsdienste ist langjährig erprobt und robust, denn insbesondere der Telefonanschluss ist heute aus dem privaten Haushalt nicht mehr wegzudenken. Da verwundert es nicht, dass das wesentliche Kriterium zur Differenzierung dieses Dienste-Angebotes der Preis ist. Keine gute Voraussetzung für einen neuen Marktteilnehmer, der sich auf dem Markt der Sprachtelefonie gegen die Festnetzkonkurrenz behaupten möchte. Auch setzt die Bereitstellung von Kommunikationsdiensten einen Rückkanal voraus, der im ursprünglich als reines Verteilnetz gedachten Kabelnetz nicht berücksichtigt war. Wenn es einen Rückkanal gibt, kann Standardtechnik zur Bereitstellung von Telefondiensten zur Verfügung gestellt werden. Schwieriger wird es bei videobasierten Kommunikationsdiensten, die auf Teilnehmerseite aufwendigeres Equipment voraussetzen.

Geschäftsmodell Internet-Zugang: Dieses Geschäftsmodell erlaubt einen Breitband-Zugang zum Internet, vergleichbar einem DSL-Anschluss, der es dem Nutzer erlaubt, unterbrechungsfrei („always-on") mit dem Internet verbunden zu sein. Der Breitband-Internet-Zugang wird in Deutschland stark nachgefragt und heute vor allem durch festnetzbasierte DSL-Angebote befriedigt. Höchste Zeit also, ein leistungsfähiges Konkurrenzprodukt auf den Markt zu bringen. So ist der Breitband-Zugang im Kabelnetz in Ländern wie Portugal, den Niederlanden und Großbritannien bereits eine bevorzugte Alternative zum DSL-Anschluss. Der Bedarf nach Breitband-Internet-Zugang scheint gesichert und so auch der Umsatz. Die Frage ist, ob DSL oder das Kabel zuerst den Weg zum Kunden schafft – ein Rennen, bei dem das Kabelnetz in Deutschland heute hoffnungslos dem Trend und damit auch der Nachfrage hinterherhinkt. Zu den Markteintrittsbarrieren zählen hier ähnlich wie bei den Kommunikationsdiensten der Netzzugang selbst sowie der Zugriff auf den Rückkanal zur technischen Realisierung des Dienstes. Derzeit wichtigstes Differenzierungsmerkmal bei Breitband-Internet-Zugangsdiensten ist die Geschwindigkeit des Datendienstes. An Bedeutung zunehmen werden die Portaldienste, an die DSL-Anbieter zunehmend ihr Angebot koppeln. Anbieter von Bündelprodukten sind z. B. die Deutsche Telekom mit T-Vision und der Hamburger Stadtnetzbetreiber Hansenet mit der Movie-Option sowie Arcor, die ebenfalls einen VoD-Dienst in Verbindung mit DSL am Markt anbieten. Anders als bei Settop-Boxen hält der Breitband-Surfer das wichtigste Utensil, den PC, für den Zugang zum Internet bereits vor.

Um eine Vorstellung von der Leistungsfähigkeit der aufgezeigten Geschäftsmodelle zu bekommen, sind diese vom potenziellen Anbieter mit Hilfe einer Potenzialanalyse zu bewerten. Vier zentrale Kriterien stellen eine adäquate Bewertung des Potenzials sicher.

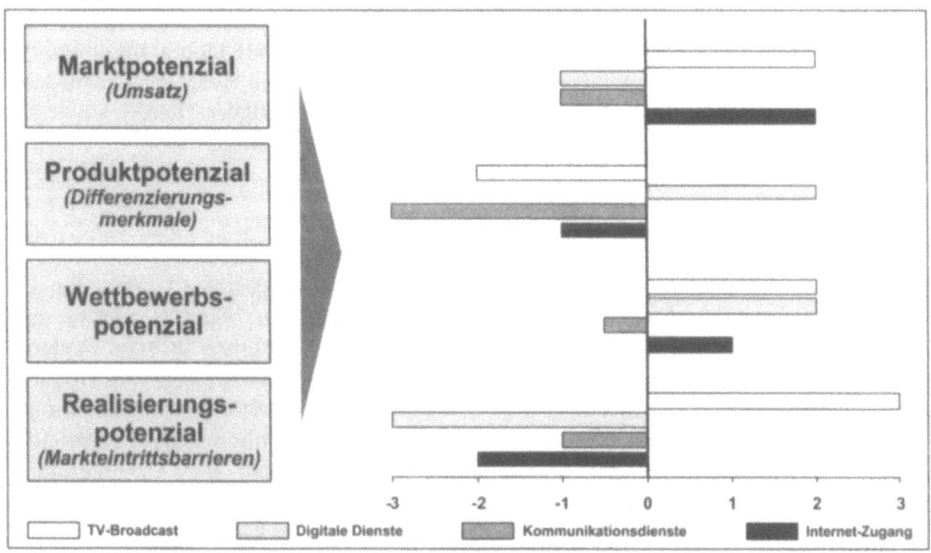

Abbildung 31: Schlüsselprofil für ausgewählte Geschäftsbereiche im Kabelnetz (Beispiel)

- Marktpotenzial (Umsatz): Hier ist die Anzahl der Haushalte zu erheben, die bereit sind, für das Dienste-Angebot zu bezahlen, ferner sind die Zahlungsströme abzuschätzen, die durch das Dienste-Angebot realisiert werden können. Relevant ist auch die Frage, ob das Geschäftsmodell, das mit dem jeweiligen Dienste-Angebot verbunden ist, bereits am Markt erprobt ist.

- Produktpotenzial (Differenzierungsmerkmale): Nach welchen Kriterien lässt sich das Produktangebot von dem der Mitbewerber und dem der Anbieter von Substitutionsprodukten differenzieren? Differenzierungskriterien sind im einfachsten Fall bei Commodity-Produkten der Preis, ansonsten die Dienste-Eigenschaften, die vom Wettbewerb nur mit großem Aufwand imitiert werden können. In jedem Fall muss ein ausreichender Mehrwert des Produktes zum nächsten Substitutionsprodukt bestehen, um einen nachhaltigen Wettbewerbsvorteil aufbauen zu können.

- Wettbewerbspotenzial (Markteintrittsbarrieren): Das Wettbewerbspotenzial wird wesentlich durch die Markteintrittsbarrieren bestimmt. Markteintrittsbarrieren sind Widerstände, die ein potenzieller Mitanbieter überwinden muss, um sein Dienste-Angebot auf den Markt zu bringen. Typische Marktbarrieren in Telekommunikations- und Medienmärkten sind die kostenintensive Errichtung von Netzen oder der Erwerb von exklusiven Vertriebsrechten an Inhalten.

- Realisierungspotenzial (Technische Ausstattung): Realisierungspotenzial zielt auf die Investition in die technische Ausstattung ab. Das sind Investitionen in Hardware,

Software sowie in die Netzinfrastruktur, die für die Bereitstellung der Dienste notwendig sind, sowie Investitionen in Endgeräte, die der Kunde tätigen muss, um die angebotenen Dienste auch tatsächlich nutzen zu können. Die technische Aufrüstung ist die notwendige Voraussetzung für die Realisierung digitaler Dienste sowie für Kommunikationsdienste und den Breitband-Zugang zum Internet.

Handlungsbedarf für Anbieter von Kabeldiensten

Wenn der Ordnungspolitik der in der Regulierungsagenda vorgestellte Umbau des Kabelmarktes gelingt, können neue Marktsegmente besetzt werden. Wenn man davon ausgeht, dass sich nicht gerade wieder ein Röhrenbauer zum Aufbruch in diese moderne Medien- und Telekommunikationswelt entschließt, bleiben prototypisch vier Gruppen von Marktteilnehmern, die sich eine Marktstrategie in diesem veränderten Marktumfeld zurechtlegen sollten. Das sind die Anbieter von Inhalte- und Online-Diensten sowie die Internet Service Provider, die Netzbetreiber und schließlich die TV-Programmveranstalter. Jedoch ist nicht jeder der hier genannten Marktteilnehmer in der gleichen Startposition. Die Gruppen weisen unterschiedliche Stärken-/Schwächen-Profile auf, die auch pro Unternehmen variieren. Um eine verbindliche Aussage zur Erfolgswahrscheinlichkeit eines möglichen Markteintritts zu machen und Handlungsempfehlungen abzuleiten, ist eine detaillierte und auf das Unternehmen abzustimmende Analyse notwendig. Nachfolgend wird die Ausgangssituation der Marktteilnehmergruppen im bestehenden Marktumfeld Deutschland skizziert.

Die Rolle der Netzbetreiber: Die Netzbetreiber sind die Infrastrukturlieferanten und maßgeblich für die technische Aufrüstung der Kabelnetze sowie für die Verfügbarkeit der Dienste verantwortlich. Dafür haben sie in der Vergangenheit Anschlussentgelte erhalten, die ihnen eine sichere Rendite garantierten. Da neue Dienste neue Investitionen in den Netzausbau erfordern, stellt sich die Frage, wie diese aus Sicht der Netzbetreiber finanziert werden können. Wenn sich ein Netzbetreiber scheut, selbst Anbieter digitaler Mehrwertdienste zu werden und das damit verbundene unternehmerische Risiko einzugehen, sollte er Kooperationsformen mit Dienste-Anbietern prüfen. Werden die in der Regulierungsagenda aufgezeigten Reformschritte umgesetzt, entsteht zusätzlicher Handlungsbedarf, da sich ein Durchleitungsanspruch für Dienste-Anbieter ergibt, wenn sich die Netzbetreiber zum Ausbau des Kabelnetzes entschließen.

Die Rolle der TV-Programmveranstalter: Der Druck auf die TV-Programmveranstalter, sich ein Konzept in einem veränderten Kabelmarkt bereitzulegen, ist groß. Ist das Dienste-Angebot erst einmal erweitert, so ist auch damit zu rechnen, dass die Konsumenten die Nutzung der Medien vom klassischen TV hin zur Nutzung der innovativeren digitalen Kabeldienste und dem Internet-Surfen verlagern werden. Dies bedeutet für die TV-Veranstalter eine Reduzierung der Reichweite, die sich in geringeren Werbeeinnahmen niederschlägt. Viele der etablierten TV-Sender in Deutschland versuchen bereits heute, interaktive Elemente in ihre Programme zu integrieren und offerieren auf ihren Websites Zusatz- oder Hintergrundinformationen zu laufenden Sendungen, laden ein zum interaktiven Chat oder blenden bei laufendem Programm eine gebührenpflichtige Nummer ein, über welche die Zuschauer an der Sendung teilnehmen können. Viele TV-Anbieter haben bereits fertige Konzepte für eine Erweiterung ihrer TV-Formate in eine digitale und interaktive Welt, in der dem Nutzer die Möglichkeit gegeben wird, stärker an der Sendung zu partizipieren.

Die Rolle der Anbieter von Inhalten und von Online-Diensten: Für Inhalte-Anbieter wie für die Anbieter von Online-Diensten ist das Kabelnetz eine hervorragende Plattform, um ein funktionsfähiges Marktmodell zu implementieren und so die Fehler des Internet nicht zu wiederholen. Die Anbieter von Online-Kabeldiensten müssen im eigenen Interesse, aber auch im Interesse der Inhalte-Anbieter von vorneherein wirksame Mittel finden, damit sich im Kabel nicht wie im Internet eine „Alles-Kostenlos-Mentalität" etabliert. Mittel dagegen sind die Abrechenbarkeit der Dienste, die wirksame Implementierung eines Kopierschutzes für digitale Inhalte und eine Zugangs- sowie Inhalte-Kontrolle. Die Online-Dienste-Anbieter haben die besten Voraussetzungen für die erfolgreiche Implementierung digitaler Dienste: Sie konnten ihre Dienste schon im Internet erproben und verfügen über die Kompetenz, personalisierte und interaktive Dienste bereitzustellen und zu betreiben. Für die Inhalte-Anbieter wiederum stellt sich besonders die Frage, ob der Inhalt oder der Zugang zum Kunden mehr wert ist. Leo Kirch hatte beides: Inhalte und Netze. Die Netze in Form von Durchleitungsrechten für sein PayTV-Angebot und auch Kabelplätze für seine TV-Senderfamilie. Bertelsmann hat auch beides, denn die angeschlossene Senderfamilie RTL besetzt entsprechende Frequenzen im deutschen Kabelnetz. Axel Springer vertraut auf die Kraft seiner Marken, schließt sich mit dem wichtigsten deutschen Netzbetreiber, der Deutschen Telekom, zusammen und kooperiert mit Bild.de im Internet.

In jedem Fall sind die Inhalte-Anbieter und Anbieter von Online-Diensten dazu aufgefordert, ihre Strategien zur Distribution der Inhalte und Bereitstellung der Dienste dem veränderten Dienste-Umfeld im Kabelnetz anzupassen. Dies betrifft insbesondere die neue Generation der digitalen Kabeldienste, die Inhalte-Anbietern und Anbietern von Online-Diensten zukünftig die Möglichkeit geben werden, ihre Inhalte über das Medium Fernsehen direkt im heimischen Wohnzimmer anzubieten – ein Angebot, das bisher nur im Internet denkbar war.

Die Rolle der Internet Service Provider: Dem Internet Service Provider bietet sich mit der Erschließung des Kabelnetzes als Breitband-Internet-Zugang die Chance, neues Geschäftspotenzial zu erschließen, denn mit der Nutzung des Kabels als Zugangskanal lässt sich ein neuer Kundenkreis ansprechen, ohne dabei auf Festnetzanschlüsse zurückgreifen zu müssen. Dies gilt insbesondere für Netzbetreiber wie AOL und MSN, die neben dem reinen Internet-Zugang ein vielfältiges Angebot an Inhalts-Mehrwertdiensten anbieten. Diese Dienste werden jedoch heute weitgehend von Kunden mit langsamen Analog- oder ISDN-Zugängen genutzt und leiden unter der zeitabhängigen Tarifierung des Festnetzzugangs der Deutschen Telekom. Die Chancen für Internet Service Provider liegen deshalb darin, ihr Angebot auf die Breitband-Übertragungstechnik hin auszurichten und so für eine Aufwertung des eigenen Dienste-Angebotes zu sorgen.

Die Medien- und Telekommunikationsunternehmen sind heute aufgerufen, sich mit den Implikationen einer möglichen Neuordnung der Kabelpolitik kritisch auseinander zu setzen. Dazu müssen die Geschäftspotenziale der einzelnen Marktsegmente nach einer Liberalisierung des Kabelmarktes sowie die Erfolgschancen bzw. das Bedrohungspotenzial bezogen auf die Positionierung des eigenen Unternehmens analysiert werden. Was folgen sollte, ist die Erarbeitung der strategischen Handlungsoptionen zur Erschließung des zukünftigen Marktpotenzials im Kabel. Damit wiederholt sich eine Strategiediskussion, wie wir sie im UMTS-Umfeld kennen gelernt haben, unter besseren Startvoraussetzungen, denn das Kabelnetz ist bereits vorhanden, es leidet nicht unter hohen Lizenzierungsgebühren und führt multimedial und über Breitband ins Wohnzimmer. Dies könnte ein Vorteil sein, wenn es um die Konkurrenzfähigkeit dieses Mediums geht.

3.4 Mehr Mobilfunkwettbewerb auf alternativen Frequenzen

Der europäische Mobilfunkmarkt hat im letzten Jahrzehnt ein fundamentales Wachstum hinter sich gebracht. Aus den verschiedenen Unternehmen, die während der 90er Jahre eine der begehrten Mobilfunklizenzen für jeweils zwei bis dreistellige Millionenbeträge ersteigern oder in einem Beauty Contest gewinnen konnten, ist heute eine Multi-Milliarden-Euro-Industrie entstanden. Traditionelle Telekommunikations-Anbieter, z. B. Deutsche Telekom, Telefonica, Telecom Italia etc., haben einen Großteil ihres Wachstum aus dem Mobilfunkbereich generiert, während bei anderen Unternehmen, wie bei der ehemaligen Mannesmann AG, der Mobilfunk schnell zum größten Unternehmensbereich wurde und das Unternehmen von Grund auf veränderte. Dabei waren die anfänglichen Erwartungen für die Anzahl der Mobilfunkkunden im einstelligen Millionenbereich viel zu bescheiden. Die Wachstumsprognosen werden regelmäßig übertroffen. Heute sind über 300 Millionen Mobilfunkkunden allein in Europa zur Realität geworden.

Die Mobilfunk-Anbieter suchen weiter nach Wachstumsfeldern und substituieren zunehmend den Festnetzbereich beziehungsweise die Festnetzkommunikation. In Ländern wie Finnland ist die Anzahl von Festnetzanschlüssen heute schon rückläufig. Mobilfunk kann das Festnetz auf Grund seiner Eigenschaften substituieren: Ortsunabhängigkeit, Allgegenwärtigkeit (Ubiquity) und Personalisierung.

Der Mobilfunkmarkt ist mit drei bis vier GSM-Mobilfunkbetreibern und eventuell weiteren Service Providern pro Land ein Wettbewerbsmarkt; dennoch ist der Zugang zu diesem Markt durch die limitierte Anzahl an Lizenzen beschränkt, und den Markt teilen die damit festgelegten Marktteilnehmer unter sich auf. Zahlreiche Versuche, diese Abschottung im sprachdominierten Mobilfunkmarkt mit alternativen, nicht lizenzierten Technologien wie DECT (Digital Enhanced Cordless Telephony) oder Bündelfunk zu durchbrechen, sind bisher gescheitert.

So versuchten Ende der 90er Jahre Telecom Italia und andere Unternehmen in mehreren Städten und an ausgewählten Hot-Spots wie Supermärkten oder U-Bahn-Stationen öffentliche Netze auf Basis der DECT-Technologie, die sonst vorwiegend für schnurlose Telefone eingesetzt wird und in einem nicht lizenzierten Frequenzbereich arbeitet, aufzubauen. Telecom Italia investierte über 600 Millionen Euro, baute 1997/98 Netze in 28 verschiedenen italienischen Städten auf und versuchte, seinen Festnetzkunden eine beschränkte, übergangslose Mobilität zu ermöglichen. Mit diesem „Fido City Supercordless" versuchte Telecom Italia nicht nur seine Festnetzumsätze gegenüber seiner eigenen erfolgreichen Tochter Telecom Italia Mobiles und den neuen Mobilfunkwettbewerbern zu schützen, sondern auch einen Teil des boomenden Mobilfunkmarktes für sich zu gewinnen. Obwohl die meisten Mobilfunk-Nutzer nur lokal mobil sind und der DECT-Service für sie vollkommen ausreichend gewesen wäre, scheiterte Telecom Italia, wie auch die anderen Unternehmen, die versuchten, aus dem unlizenzierten Bereich mit DECT Kapital zu schlagen, an den Skalen- und Nutzungsvorteilen von GSM und stellte den Service mit mehreren zehntausend Kunden nach sechs Monaten wieder ein.

GSM setzte sich also gegen viele andere Technologien im europäischen Marktumfeld durch. Keine der anderen Technologien konnte GSM im mobilen Sprachumfeld kostenmäßig und funktional Paroli bieten, sodass die meisten GSM-Lizenzinhaber ihre Lizenzkosten und Anlaufverluste wieder erfolgreich einfahren können.

Operationalisierung der mobilen Multimedia-Welt

Getrieben durch die Euphorie des boomenden Mobilfunkmarktes und des New Economy-Hype gaben die heutigen Mobilfunk-Anbieter und andere Investoren bis heute 117 Mrd. Euro für UMTS-Lizenzen in den westeuropäischen Ländern aus. Allein in Deutschland wurden fast 50,5 Mrd. Euro für sechs Lizenzen bezahlt, ein Vielfaches der Ausgaben für die GSM-Lizenzen. Mit Blick auf die Erfolge der Unternehmen nach der GSM-Lizenzerteilung hofften die Bieter auf einen ähnlichen Erfolg mit den mobilen Datendiensten. Angesichts der geplatzten Internet-Blase und dem damit einhergehenden Ende der Euphorie stellen sich nun viele Unternehmen und Analysten die Frage, ob eine solche Hoffnung noch berechtigt ist.

Die ersten Gehversuche mit WAP und GPRS im mobilen Multimedia-Markt verlaufen bisher nur zaghaft. Obwohl heute alle Mobilfunk-Anbieter GPRS auf dem Markt anbieten, nutzen erst einige zehntausend Kunden den Service.

Für die neuen mobilen Daten-Dienste kristallisieren sich Unternehmen zunächst als Hauptzielgruppe heraus – entgegen erster Annahmen, die davon ausgingen, dass im Privatkundensegment die erste Hauptzielgruppe läge. Doch die mobile Datenübertragung per se bietet den Zielkunden noch keinen Mehrwert. Erst mit den ersten Applikationen, die es z. B. erlauben, von unterwegs online auf E-Mail, Kalender, Kontakte und unternehmensinterne Applikationen über den PDA zuzugreifen, werden Nutzungsszenarien aufgebaut, die für Unternehmen interessant sind.

Die Mobilfunkunternehmen müssen die Unternehmen erst noch vom Sinn und vom Potenzial der von ihnen angebotenen weitergehenden mobilen Daten-Dienste überzeugen. Die Value Proposition von mobilen Datendiensten ist in der Geschäftswelt bedeutend unklarer als die der mobilen Sprachkommunikation, die ständige Erreichbarkeit und hohe Mobilität der Mitarbeiter ermöglichte und damit viele Geschäftsprozesse beschleunigt hat. Komplexe Dienste wie Field Force Management oder Mobile Customer Relationship Management erfordern beim Vertrieb bei weitem mehr Überzeugungskraft. Diese Überzeugungskraft ist besonders notwendig, weil Lösungen auf Basis von GPRS und später UMTS auf Grund ihrer im Verhältnis zur Büroumgebung beschränkten Bandbreite Eingriffe in die IT- und Applikationslandschaft der Unternehmen notwendig machen. Allein der Zugriff auf E-Mail erfordert verschiedene Einstellungen an den E-Mail-Servern der Unternehmen sowie eine Optimierungssoftware, die das Nutzererlebnis komfortabel gestaltet. Auf Grund dieser Hürden setzen sich die neuen Datendienste nur langsam, inzwischen aber doch etwas beschleunigt durch. Der umfassende und flächendeckende Einsatz von UMTS, das durch seine höheren Bandbreiten weitere Erleichterung bringen soll, liegt ohnehin in weiter Ferne: Die notwendige Netzausrüstung ist nur eingeschränkt verfügbar, Endgeräte mit den geforderten Leistungsmerkmalen fehlen und die Telekommunikationsunternehmen verringern ihre Gesamtinvestitionen.

Die anfänglichen UMTS-Bandbreiten bieten zwar mit 64 kbit/s oder sogar 144 kbit/s mehr als die heutigen GPRS-Verbindungen mit maximal 53,6 kbit/s, aber höhere Bandbreiten werden nur schrittweise ausgebaut. Mit den viel zitierten theoretisch möglichen Übertragungsraten von 2 Mbit/s kann selbst im Endausbau nicht gerechnet werden. Nach Planung aller Betreiber werden im Endausbau vielmehr in der Regel 384 kbit/s – und auch das nur in städtischen Gebieten – erwartet. Mit diesen Bandbreiten wäre ein einfacher Zugriff auf das Intranet der Unternehmen zwar durchaus realistisch, doch sind diese Szenarien aus heutiger Sicht noch einige Jahre von ihrer Umsetzung entfernt. Außerdem muss immer davon ausgegangen werden, dass UMTS mittelfristig ohnehin nicht flächendeckend, sondern nur in den Ballungsgebieten ausgerollt wird. Somit ist der breitbandige, vollständig ortsunabhängige Zugriff – anders als bei der mobilen Sprachkommunikation – zunächst nicht absehbar.

Auch der Privatkundenmarkt, der in der Wachstumseuphorie im Jahr 2000 häufig für die Begründung der hohen Lizenzkosten herhalten musste, entwickelt sich nur schleppend. Die Transformation der beiden Hauptapplikationen vom Internet auf das Mobiltelefon – Browsing und Messaging – stößt auf Hindernisse. Schon die Einführung von WAP hat gezeigt, dass die bisher eingeschränkte User Experience (textbasiert, niedrige Geschwindigkeit) und die geringe Anzahl mobiler Applikationen die Erschließung des Marktsegments hemmen. Die spezifische Benutzersituation und die technische Ausstattung des mobilen Kunden – im Gegensatz zum stationären Surfer zuhause – erfordern eine entsprechende Aufbereitung von Informationen. Diese Restriktion schränkt das Wachstum ein, weil Applikationen, die für das Internet konzipiert wurden, für die mobile Welt umzuschreiben sind. Ausnahmen sind mobilfunkspezifische Applikationen, wie die lokationsbasierten Dienste Mobiler Stadtführer oder Find-a-Friend und andere spezifische Dienste, wie Mobile Payment. Nur wenn es den Mobilfunkbetreibern ähnlich wie bei i-mode in Japan gelingt, eine Umgebung zu schaffen, in der Inhalte-Anbieter leicht Applikationen für den mobilen Gebrauch entwickeln und in ein entsprechendes Geschäftsmodell einbetten können, wird es hier einen Durchbruch geben. Dazu gehört auch, dass die Inhalte-Anbieter ausreichend Erlöse für die Bereitstellung und Aufbereitung ihrer Inhalte erwirtschaften. Wenige Unternehmen haben die ersten Schritte dahin unternommen: So zum Beispiel die Swisscom Mobile, die einen eigenen Bereich für den Weiterverkauf von Mobile Enabling Services (z. B. Lokationsinformationen, Third-Party Billing) an dritte Applikationsanbieter aufgebaut hat. Solange nicht andere Unternehmen folgen, wird sich der mobile Browsing- und Messaging-Markt nur langsam entwickeln können, und die Nutzer werden weiterhin auf der Suche nach dem mobilen Internet sein.

Wireless Local Area Network als neue Dimension für Multimedia

Analyseergebnisse weisen darauf hin, dass die Entwicklung des mobilen Multimediamarktes derzeit weit hinter den Erwartungen zurückbleibt. Die Mobile-Solution-Ansätze im Geschäftskundenbereich wie auch der erwartete Boom mit Multi Media Messaging und die Öffnung der Mobile Enabling Services für dritte Applikationsentwickler erzeugen durchaus Hoffnung, doch von der Euphorie des Jahres 2000 ist wenig zu spüren. Insbesondere stellt sich heraus, dass die neuen Bandbreiten in vielen Fällen nicht ausreichen, um die Vision des uneingeschränkten, ortsunabhängigen Breitband-Informationszugangs sicherzustellen. In dieser Situation entwickeln sich neue Wettbewerber, die nicht durch hohe Lizenzkosten belastet sind und die eine Technologie mit hohen Bandbreiten im nicht lizenzierten Frequenzbereich nutzen, nämlich Wireless Local Area Networks (WLAN).

WLAN ist eine Technologie, die ursprünglich für die funkbasierte Anbindung von Geräten, insbesondere von Laptops, an ein unternehmensinternes Netzwerk (Local Area Network, LAN) konzipiert wurde. WLAN zielt darauf, die Mobilität und Flexibilität der Mitarbeiter im Haus zu fördern und ihnen gleichzeitig einen vollwertigen LAN-Anschluss zur Verfügung zu stellen. Unternehmen setzen WLAN zunehmend ein – allein in 2002 in Europa ist der WLAN-Markt laut einer Studie um 40 Prozent auf über 350 Mio. Euro angewachsen. Mit heutigen Bandbreiten von 11 Mbit/s und Aussichten auf 54 Mbits/s, Kosten von nur 500 Euro pro WLAN-Basisstation und ohne Lizenzkosten ist WLAN ein echter Mehrwert für Unternehmen und ihre Mitarbeiter. Bei einer Reichweite einer WLAN-Basisstation von 50 Metern in Gebäuden und von bis zu 500 Metern außerhalb reichen häufig wenige Basisstationen aus, um ein Gebäude oder einen Platz abzudecken.

Doch der Einsatz von WLAN bleibt nicht auf die Inhouse-Versorgung von Unternehmen beschränkt. Insbesondere Universitäten beginnen mit dem Aufbau von Campus-Netzwerken, um ihren Studenten den uneingeschränkten Zugriff auf Informationen überall auf dem Campus, sei es in der Vorlesung, der Bibliothek, der Mensa oder im Park sicherzustellen. In Deutschland hat die Universität Karlsruhe als erste Universität ein solches WLAN-Campus-Netz realisiert. Die Karlsruher Studenten können im Campus-

Netz surfen, auf Informationen der Bibliothek zugreifen und sogar vertrauliche Informationen wie Klausurergebnisse abrufen. Im Rahmen des WLAN-Förderprogamms des Bundesforschungsministeriums bauen inzwischen insgesamt 41 deutsche Hochschulen Minimobilfunk-Netze auf, die sogar miteinander verbunden werden sollen.

Während die Universitäten WLAN als Erweiterung ihrer Infrastruktur verstehen, bieten immer mehr Unternehmen ihren Kunden WLAN als reine Dienstleistung an. So gibt es in den USA zahlreiche Cafés, die mit WLAN ausgestattet sind und ihren Kunden erlauben, kostenlos im Internet zu surfen. Die Cafés sehen WLAN als Mittel zur Kundenbindung und zur Steigerung der Verweildauer der Gäste. Auch große Coffee-Shop-Ketten wie Starbucks haben die Idee aufgegriffen. Darüber hinaus schließen sich inzwischen erste Cafés oder auch private Internet-Benutzer zusammen und bilden einzelne, regionale WLAN-Netzwerke. In Sydney installierten z. B. Internet-Begeisterte 170 Basisstationen, die bald die australische Stadt zu einem Funknetz vereinen sollen.

Auch Hotels und Flughäfen bauen ähnliche Infrastrukturen in ihren Räumlichkeiten aus. Das erste Beispiel in Deutschland ist das Kempinski Hotel Vier Jahreszeiten in München, das bereits Anfang 2001 von einem der ersten Dienstleister im WLAN-Bereich, iobox – heute WLAN GmbH – ausgestattet wurde. Das Kempinski Hotel bietet seinen Gästen die Möglichkeit, für 29 Euro pro Tag in den Konferenzräumen und in der Lobby des Hotels unbeschränkt über WLAN zu surfen.

Mit der zunehmenden WLAN-Ausstattung von Hot-Spots (Universitäten, Hotels, Flughäfen, Bahnhöfe, Büros etc.) wird WLAN zur Gefahr für die Mobilfunk-Anbieter, die mit ihren Investitionen ganz auf UMTS gesetzt haben. Die weitaus höhere Bandbreite von WLAN hebt eines der Kernhindernisse des mobilen Multi-Media-Marktes auf und hebelt damit die Value Proposition von GPRS und UMTS in diesem Kernbereich aus. Wird UMTS damit zu einer Totgeburt? Müssen die Mobilfunkunternehmen nun ihre hohen Lizenzkosten vollständig abschreiben?

WLAN als Wettbewerbsfeld oder als Ergänzung des Mobilfunkgeschäfts?

WLAN ist eine Konkurrenz zu UMTS, doch aus der Gesamtperspektive des mobilen Multimedia-Marktes gesehen, ergänzen sich WLAN und UMTS/GPRS, da sie unterschiedliche Kundenbedürfnisse abdecken. Abgeleitet aus den technischen Beschränkungen beider Technologien lassen sich Anwendungsszenarien aufbauen, welche die Unterschiede verdeutlichen.

Netzabdeckung: WLAN ist in erster Linie eine Hot-Spot-Technologie, d. h., WLAN-Netzwerke werden in erster Linie an Orten aufgebaut, die in der Regel eine geschlossene Einheit bilden und nur einen Besitzer oder eine Betreibergesellschaft haben. Die Mobilfunkbetreiber werden diese Hot-Spots natürlich auch mit UMTS und entsprechender Bandbreite (bis zu 384 kbit/s) abdecken, aber sie werden auch andere Bereiche, wie Straßen, öffentliche Plätze, Wohnhäuser und somit ganze Städte, versorgen. Dies zum einen, um die Lizenzauflagen zu erfüllen, und zum anderen, um den wachsenden Bandbreitenanforderungen der mobilen Applikationen in der Fläche, z. B. des Mobile City Guide mit eingeblendeter Karte und multimedial unterlegter Stadtführung, gerecht zu werden. Sicherlich wird es eine Zeit dauern, bis UMTS weite Teile von Deutschland abdeckt, doch es kann davon ausgegangen werden, dass die Netzabdeckung von UMTS im Vergleich zu WLAN bedeutend größer ist. Eine mit UMTS vergleichbare Abdeckung wird mit WLAN nicht realisiert, sofern nicht ein ähnlicher Versuch wie von Telecom Italia mit DECT unternommen wird. Das heißt, der Wettbewerb zwischen WLAN und UMTS wird sich an den Hot-Spots abspielen.

Bandbreite: An den Hot-Spots bietet WLAN dem einzelnen Nutzer grundsätzlich bedeutend mehr Bandbreite als UMTS. Zwar wird bei UMTS immer von 2 Mbit/s gesprochen, doch das ist eher ein theoretischer Wert, der in der Praxis kaum erreicht wird, während bei WLAN Bandbreiten im Mbit/s-Bereich üblich sind. Zwar braucht man für WLAN mehr Basisstationen, doch diese sind bedeutend billiger als UMTS-Basisstationen. Damit ist WLAN der UMTS-Technologie an den Hot-Spots in puncto Bandbreite überlegen.

Mobilität: Neben der Bandbreite ist die Mobilität sicherlich der Hauptdifferenzierungsfaktor. UMTS wurde mit dem Ziel entwickelt, uneingeschränkte Mobilität bei der Datennutzung zu ermöglichen, WLAN dagegen, um den Mitarbeitern eines Unternehmens eine punktuelle, beschränkte Mobilität im Unternehmen zu erlauben und die Kosten für die Inhouse-Verkabelung zu senken. Bei der Diskussion der Mobilität sind die Mobilität des Nutzers und das Roaming getrennt voneinander zu betrachten.

UMTS ermöglicht eine hohe Mobilität des Nutzers. Er kann sein Büro verlassen, mit dem Taxi zum Flughafen fahren, sich im Flughafen in den Warteraum setzen und dabei die ganze Zeit online sein, um sich zum Beispiel während der Taxifahrt bei seiner Airline einzuchecken und dann seine E-Mails zu lesen. Durch die Hand-overs zwischen den Zellen erlaubt UMTS dem Nutzer uneingeschränkte Mobilität im UMTS-Netz (das z. B. ganze Städte abdecken kann). WLAN dagegen kennt keine Hand-overs und ermöglicht dem Nutzer nur eine eingeschränkte Mobilität. Der Nutzer kann sich am Hot-Spot in das WLAN-Netz einloggen und dort surfen, doch er kann weder große Entfernungen zurücklegen noch sich ohne Unterbrechung von einer WLAN-Zelle in die nächste bewegen. Das heißt, mit UMTS realisiert der Nutzer hohe Mobilität, mit WLAN dagegen nur eine begrenzte Mobilität.

Betrachtet man den Faktor Mobilität im Zusammenhang mit den Endgeräten, so kommt man auch hier zu klaren Ergebnissen. Im Bereich UMTS werden sich die Endgeräte von den heutigen Handys in mobile Multimedia-Terminals mit Always-On-Funktionalität verwandeln. Diese Terminals werden (getrieben durch die Hersteller, die auch das Netzwerk Equipment vertreiben) zunächst über GSM, dann GPRS und später UMTS laufen und für mobile Anwendungen genutzt werden. Im Bereich WLAN werden hingegen die Laptops vorherrschen, die auf Grund des Stromverbrauchs und ihrer Rechenleistung nur punktuell angeschaltet werden. UMTS wird also vorwiegend für mobile Ad-hoc-Anwendungen benutzt werden (z. B. Mobile City Guide, kurzer Check des E-Mail-

Accounts), während WLAN für den Zugang zum Unternehmensnetz und für zeitintensivere Anwendungen genutzt wird.

Roaming ist heute sicherlich das größte Hindernis für WLAN. Während es bei UMTS mehrere ausgewählte Mobilfunkbetreiber gibt, die eine Lizenz besitzen, um ein Netz in ganz Deutschland auszurollen, ist der WLAN-Markt sehr zersplittert. Weder gibt es im WLAN-Markt derzeit einen Betreiber, der ein Netz von WLAN Hot-Spots betreibt, noch werden die Hot-Spot-Besitzer mehrere WLAN-Netzwerke von verschiedenen Betreibern in ihren Häusern installieren lassen. Solange dieses Problem nicht gelöst ist, ist es für den WLAN-Benutzer umständlich, WLAN im öffentlichen Bereich zu nutzen (da er sich mit vielen Betreibern herumschlagen muss), die WLAN-Nutzung ist für ihn aber ebenfalls teuer, da die Betreiber keine Economies of Scale bei der Kundenverwaltung, dem Betrieb, dem Einkauf und dem Billing realisieren können. Wird dieses Problem nicht gelöst, so wird UMTS eindeutig gewinnen.

Neue Technologien, wie die von Transact Technology oder ähnliche Ansätze von Nokia und Ericsson, könnten helfen, diesen kommerziellen Nachteil von WLAN zu überwinden. Durch die Bündlung der WLAN-Netzwerke zu einem virtuellen Netzwerk und die Nutzung über Dienste-Anbieter, die den Vertrieb sowie die Kundenverwaltung, -abrechnung und -betreuung übernehmen, werden die WLAN-Netzwerke für den Nutzer so einfach zu handhaben sein wie der Mobilfunk. Ein solcher Ansatz kann WLAN zum Erfolg führen. Es bleibt nur die Frage, wer sich dieser Aufgabe – der Bündlung aller WLAN-Netzwerke – annimmt. Bisher gibt es nur Insellösungen. Die Mobilfunkbetreiber haben zwar WLAN-Programme aufgesetzt, doch bisher hat niemand größere Schritte betrieben. Vielleicht ist es notwendig, eine gemeinsame Netzgesellschaft zu gründen, wie im Verkehrstelematikbereich die Deutsche Datengesellschaft.

Die aktuelle Zersplitterung des öffentlichen WLAN-Marktes ist ungünstig, doch neue Technologien, die die WLAN Hot-Spots bündeln und eine Service- und Provisioning-Infrastruktur bieten, können diesen Nachteil beheben. Die Frage ist, wer die Bündelung der Angebote vorantreiben wird. Die Mobilfunk-Anbieter sollten Interesse daran haben, die Entwicklung von WLAN zu kontrollieren (um die Nutzung von UMTS und WLAN, z. B. durch Pricing, zu steuern) und sich dieser Fragestellungen annehmen. Sonst übernimmt möglicherweise jemand anderes diese Aufgabe.

Mobilfunk-Anbieter mit UMTS und WLAN zweigleisig zum Erfolg

Mobilfunkunternehmen müssen sich den Trend zu WLAN zu Eigen machen und WLAN in ihr Service-Offering integrieren. Um WLAN optimal in ihr Produktportfolio zu integrieren, bedarf es einer klaren WLAN-Strategie und einer integrierten Mobile-Data-Strategie. Dazu sollten die Mobilfunkunternehmen die folgenden Fragestellungen bearbeiten:

- Wie soll die Strategie zu WLAN ausgerichtet sein? Ist sie eher proaktiv oder reaktiv?
- Wie stark will man sich selbst in WLAN engagieren? Will das Unternehmen die Infrastruktur von anderen nutzen oder selbst in die Akquisition und den Betrieb von Hot-Spots einsteigen? Will man die Aggregation von WLAN-Netzen selbst fördern und eine aktive Rolle übernehmen?
- Wie kann eine Differenzierung gegenüber reinen WLAN-Betreibern aussehen? Wie wirksam ist z. B. die Nutzung der Billing- und Authentifizierungsinfrastruktur der Mobilfunknetze als Differenzierungsfaktor? Welche Verbundvorteile können zwischen WLAN und UMTS/GPRS aufgebaut werden?
- Wie soll WLAN in das Produktangebot aufgenommen werden – als integraler Bestandteil eines mobilen Daten-Dienstes oder als separate Seitenaktivität?
- Wie stark soll WLAN im Vorfeld von UMTS gefördert werden? Wie kann eine Penetrations- und Erweiterungsstrategie aussehen, um WLAN-Nutzer zukünftig auch als UMTS-Kunden zu gewinnen? Was muss dazu heute schon beachtet werden?
- Wie sieht die optimale Pricing-Strategie aus? Eine gesunde Mischung aus zeit- und volumenbasierter Bepreisung muss gefunden werden, die den Economics der verschiedenen Netze Rechnung trägt. Welche Anreize eignen sich für die optimale Steuerung der Nutzung der einzelnen Netze?
- Wie sind Hot-Spots zu akquirieren? Welche Kompensation sollte den Hot-Spot-Besitzern zukommen? Statt den üblichen Mieten verlangen beispielsweise heute Flughäfen schon Umsatzbeteiligungen.
- Wie sieht die optimale Integration mit den WLAN-Netzen im Unternehmensumfeld aus? Wie kann erreicht werden, dass Mitarbeiter von Unternehmen sowohl im unternehmensinternen als auch im öffentlichen WLAN arbeiten können?
- Wie erfolgt der Vertrieb von WLAN und die Betreuung der WLAN-Kunden? Können die heutigen Kanäle genutzt werden oder müssen neue Vertriebs- und Betreuungspartner gesucht werden? Welche Synergien gibt es hierzu mit UMTS?

3.5 Multimediale Ausrichtung der Medienunternehmen

Die Bedeutung von Internet und Mobilfunk als neue digitale Medienkanäle wächst kontinuierlich, insbesondere bei der jüngeren Generation. Hat zum Beispiel im Jahr 1999 noch jeder Deutsche zwischen 15 und 50 Jahren für circa neun Minuten das Internet genutzt, so ist die durchschnittliche Nutzungsdauer inzwischen auf über 30 Minuten pro Tag rasant angestiegen. Mit zunehmender Bedeutung der digitalen Kanäle wird das traditionelle Kerngeschäft der Medienunternehmen durch digitale Inhalte und Dienstleistungen ergänzt bzw. substituiert. So haben sich etwa die Reichweiten deutscher Online-Tageszeitungen sowie die Reichweiten führender Anzeigenportale von Jahr zu Jahr verdoppelt, während das traditionelle Zeitungsgeschäft stagniert bzw. rückläufig ist.

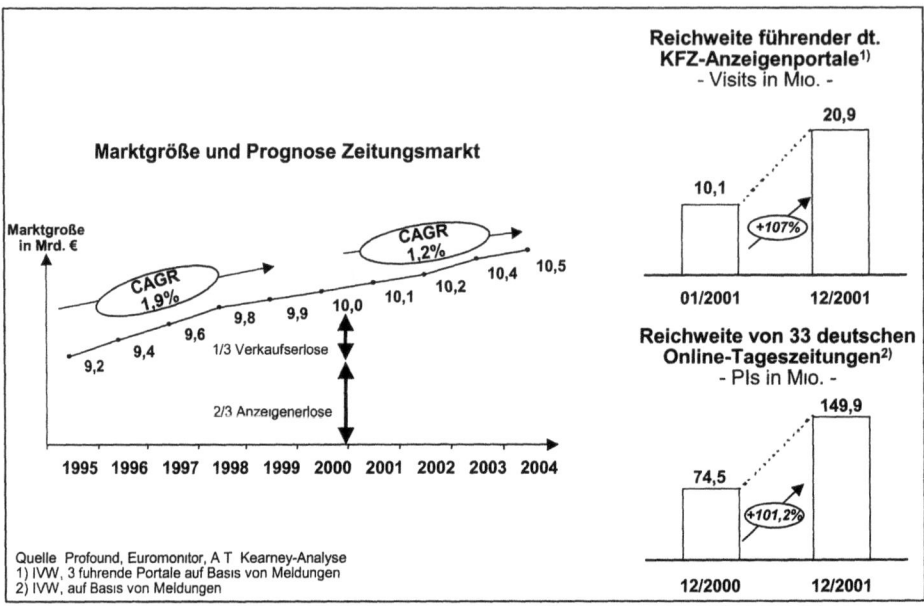

Abbildung 32: Bedeutung digitaler Kanäle

Die Vermarktung von Inhalten über digitale Kanäle entwickelt sich damit zunehmend zu einem integralen und somit unverzichtbaren Bestandteil der Wertschöpfungskette führender Medienunternehmen.

Die technologischen Veränderungen treiben die Konvergenz der Medien- und Telekommunikationsindustrie. Eine wesentliche Voraussetzung für diese Entwicklung ist aber die Einführung von Breitband-Datendiensten. Erst wenn eine schnelle Übertragung der Inhalte möglich ist und größere Datenmengen in akzeptabler Zeit und ohne Qualitätsverlust ihre Adressaten erreichen, können die Medienunternehmen ihre Kreativität spielen lassen. Im Festnetz und im Mobilfunk werden in den nächsten zwei Jahren in Deutschland durch die aggressive Vermarktung und den beschleunigten Roll-out von DSL sowie durch die zunehmende Verfügbarkeit von GPRS und geeigneten Endgeräten mit Farbdisplay und Multimedia-Features schrittweise die technologischen Voraussetzungen für Multimedia geschaffen.

Die anstehenden Änderungen des ordnungspolitischen Rahmens werden die Konvergenz von Medien- und Kommunikationsindustrie fördern und weiter beschleunigen. Ziel ist dabei, eine flächendeckende Verfügbarkeit von alternativen Breitband-Infrastrukturplattformen sicherzustellen, über die digitale Inhalte kostengünstig bereitgestellt werden können.

Fast alle deutsche Medienhäuser haben inzwischen die wachsende Bedeutung digitaler Kanäle für ihr Kerngeschäft erkannt und zentrale New-Media-Einheiten aufgebaut, die den Digitalisierungsprozess vorantreiben und Neugeschäfte entwickeln sollen.

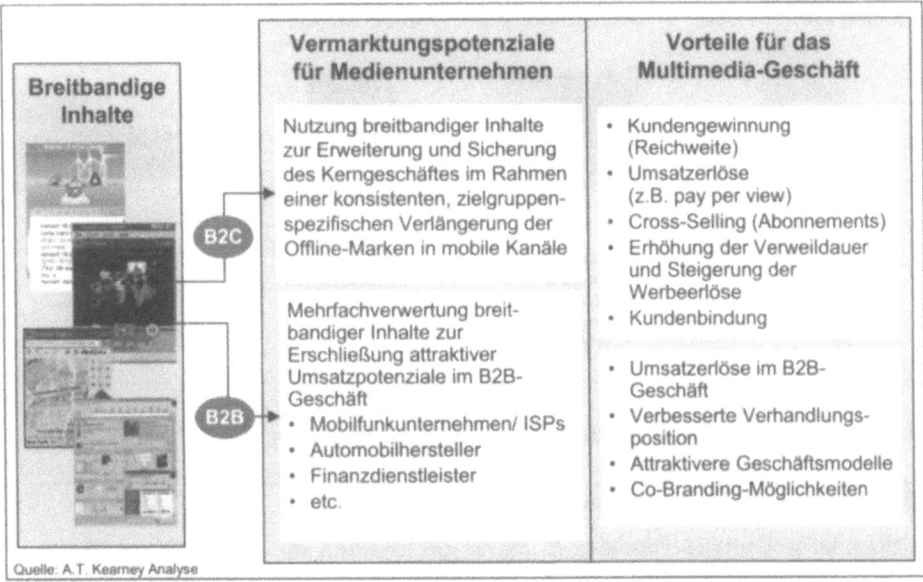

Abbildung 33: Vermarktungspotenziale breitbandiger Inhalte

Der Weg vom Konvergenztrend zum erfolgreichen Geschäftsmodell

Trotz des offensichtlichen Trends hin zur kanalübergreifenden Vermarktung von Inhalten ist die Investitionsbereitschaft im Augenblick verhältnismäßig gering. Die meisten deutschen Medienhäuser haben 2001 mehrstellige Millionenbeträge abgeschrieben und damit ihr Engagement im Internet teuer bezahlt. Der Rückgang der Ertragssituation im Kerngeschäft macht es darüber hinaus immer schwieriger, Neugeschäfte aus dem operativen Geschäft heraus zu finanzieren. Die Zweifel an der Belastbarkeit der New-Media-Geschäftsmodelle ist hoch, und entsprechend groß ist auch die Zurückhaltung bei den Entscheidungsträgern.

Im Gegensatz zum Internet wird mit Content im Mobilfunk bereits heute Geld verdient, zum Beispiel mit SMS-Infodiensten. Das Fallbeispiel Japan zeigt, dass das mobile Multimedia-Geschäft für Medienunternehmen mittelfristig ein attraktives Geschäft mit erheblichem Umsatzpotenzial ist. Dort sind Medienunternehmen inzwischen unverzichtbarer Partner bei der erfolgreichen Kommerzialisierung von konvergenten Diensten. Mobile Multimedia-Dienste sind zu einem Massenmarkt und wichtigen neuen Geschäftsfeld der Medienindustrie geworden.

Abbildung 34: Beispiele aus der Medienindustrie in Japan

Siegeszug der Content Provider

Erfolgreiche Content Provider in Japan generierten im Jahr 2001 im Durchschnitt über 40 Mio. Euro p. a. Die Umsätze der Medienunternehmen könnten noch höher ausfallen, wenn NTT DoCoMo nicht den Löwenanteil am Endkundenumsatz über die Transportgebühren abschöpfen würde (ca. 80 Prozent) und monatliche Abonnementgebühren für Content die Preisgrenze von ca. 3 Euro überschreiten dürften (diese Preisgrenze wurde durch NTT DoCoMo festgelegt). In Deutschland ist es in Anlehnung an die Verhältnisse im japanischen Markt und vor dem Hintergrund der finanziellen Situation der meisten Telekom-Carrier bisher üblich, dass der Großteil der Umsätze für Transportleistungen, d. h., Verbindungsminuten bzw. übertragene Datenmengen, anfällt und damit beim Carrier verbleibt, obwohl die Wertschöpfung sich mehr und mehr in Richtung Content verschiebt. Mit der Einführung von mobilen Multimedia-Diensten und der damit wachsenden Bedeutung von Premium-Content werden sich existierende Geschäftsmodelle allerdings zu Gunsten der Inhalte-Anbieter verändern, wie sich am Beispiel Multimedia Messaging Services (MMS) bereits heute abzeichnet.

Doch verschiedene Faktoren haben die Medienbranche wieder verunsichert, und Zweifel keimen im Bezug auf die Verfügbarkeit und Leistungsfähigkeit der neuen Technologie. Und wen wundert es: Die Kapitalmärkte sind pessimistisch gestimmt, die Erfolgsaussichten von UMTS scheinen gering und die UMTS-Markteinführung wird immer wieder verzögert.

Um die bisher enttäuschenden Erfahrungen mit der Vermarktung von digitalen Inhalten über das Internet nicht zu wiederholen und den Unsicherheiten im Mobilfunkbereich Rechnung zu tragen, sollten Medienunternehmen beim weiteren Geschäftsaufbau in den digitalen Medien pragmatisch vorgehen. Ihr Fokus sollte auf kurzfristig profitablem Wachstum liegen bei gleichzeitiger Minimierung des eigenen Geschäftsrisikos. Signifikante Investitionen in Markenaufbau bzw. Technologie und Systeme sollten die Medienunternehmen vermeiden beziehungsweise mit geeigneten Partnern teilen.

Im Festnetzbereich und im Mobilfunk formieren sich industrieübergreifende Partnerschaften (z. B. bild.de/ T-Online in Deutschland und AOL/Vodafone in USA). Medienunternehmen müssen jetzt mit einer klaren Strategie aktiv werden, um die besten Partner an sich zu binden. Für Medienunternehmen gilt es also, die strategischen und operativen Voraussetzungen zu schaffen, um ihre Position im Multimedia-Markt zu festigen und profitabel auszubauen. Dabei kann auf den bestehenden Erfahrungen mit der Bereitstellung von digitalen Inhalten über das Internet, auf den starken Marken, Kundenbeziehungen und dem flächendeckenden Vertriebs- und Distributionsnetz der klassischen Mediengeschäfte aufgebaut werden. Da starke Marken und exklusive Inhalte zu den wesentlichen Erfolgsfaktoren für die profitable Vermarktung digitaler Dienste gehören, befinden sich Medienunternehmen in einer hervorragenden Ausgangslage, um den Markt aktiv zu gestalten und sich eine führende Wettbewerbsposition zu sichern. Medienunternehmen verfügen über Key Assets, z. B. Rechte und Inhalte, Marken, Vertriebs- und Distributionskanäle und Kernfähigkeiten, z. B. bei der Generierung, Aufbereitung und Verwaltung von Inhalten sowie bei der Werbevermarktung, die für eine erfolgreiche Entwicklung von Multimedia in Deutschland unverzichtbar sind.

Digitale Kanäle entwickeln sich dabei zu einem wesentlichen Baustein der crossmedialen Angebote von starken, international tätigen Wettbewerbern aus konvergierenden Industrien. Unternehmen wie AOL/Time Warner oder Bertelsmann haben die Bedeutung der neuen digitalen Distributionskanäle längst erkannt und versuchen, Synergien durch die Integration mit klassischen Medienkanälen sowie in der Werbevermarktung zu realisieren. Der strategische Fokus liegt dabei auf der segmentspezifischen, kanalübergreifenden Verlängerung von Marken und Inhalten bei maximaler Ausschöpfung von Synergien mit den klassischen Kerngeschäften.

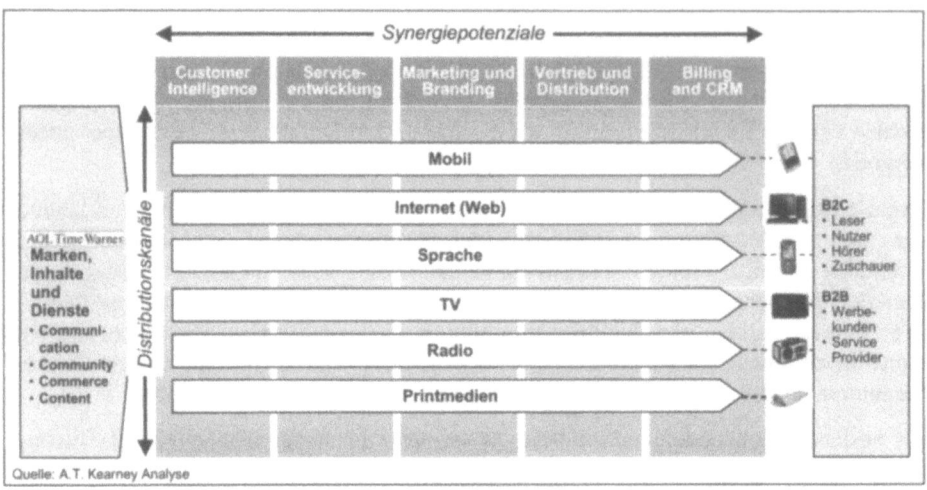

Abbildung 35: Cross-mediale Vermarktung von Marken und Inhalten

Dabei müssen die Entscheider eine Reihe von Voraussetzungen schaffen, um sich nachhaltig in der Multimedia-Welt positionieren zu können:

- Ein vertieftes Verständnis für die Kundenanforderungen und die Umsatzpotenziale in den neuen Medien entwickeln und dabei auf eigenen sowie internationalen Erfahrungen mit erfolgreich eingeführten Diensten aufbauen.

- Auf die „richtigen" Dienste-Kategorien fokussieren und die kanalspezifischen Erfolgsfaktoren, zum Beispiel User Experience, Bündelung von Inhalten und Anforderungen des Business Case verstehen lernen.

- Das digitale Dienste-Portfolio in enger Orientierung an den klassischen Marken entwickeln und konkrete, zielsegmentspezifische Produkte und Vermarktungskonzepte ableiten. International agierende Medienhäuser sollten den Wissenstransfer über Ländergrenzen hinweg vorantreiben, um die Risiken und Kosten bei der Entwicklung der neuen Dienste zu minimieren.

- Die digitalen Dienste mit den klassischen Medien stärker integrieren. Bei der Verlängerung starker Marken in neue digitale Kanäle ist allerdings Vorsicht geboten, damit Marken nicht beschädigt bzw. das bisherige Kerngeschäft nicht kannibalisiert wird.

- Das bestehende Content Portfolio um attraktive, breitbandige Audio- und Video-Inhalte (Rich Media Content) ergänzen, um multimediale Dienste anbieten zu können.

- Die redaktionellen Kompetenzen zur kanalspezifischen Integration von Text- und Bildinhalten weiterentwickeln und optimieren.
- Bestehende Media Assets, Kundendaten, Vertriebswege und Vermarktungspartner konsequent nutzen und bestehende New-Media-Aktivitäten und Kompetenzen im Bereich Value Added Services zielgerichtet ausbauen.
- Partnerschaften mit Best-in-Class Inhalte-Lieferanten, Technologie-Anbietern und Netzbetreibern schließen, um die Innovationsgeschwindigkeit weiter zu erhöhen und das eigene Geschäftsrisiko zu minimieren.

3.6 Portalgestaltung durch Anbieter von Online-Diensten

Seit Ende des Internetbooms im Jahr 2000 ist für Anbieter von Online-Diensten, wie T-Online, Yahoo, AOL, Freenet, Microsoft Service Network etc., die Diskrepanz zwischen Vision und Wirklichkeit Jahr für Jahr größer geworden. Gemessen am Aktienkurs Mitte 2002 konnte die Mehrheit der Unternehmen seit ihrer Gründung für Aktionäre keinen Unternehmenswert schaffen. Obwohl Kundenzahlen und Umsätze kontinuierlich gestiegen sind, ist es den Unternehmen weltweit nicht gelungen, die Kosten-Einnahmen-Schere zu schließen. So hatte Ende 2001 keiner der börsennotierten Online-Dienste-Anbieter (mit Ausnahme von AOL) die Gewinnschwelle erreicht. Für junge Unternehmen in der Wachstums- und Aufbauphase ist dieser Tatbestand prinzipiell nicht besorgniserregend. Bei Anbietern von Online-Diensten bestehen allerdings inzwischen Zweifel daran, ob die bisherigen Geschäftsmodelle grundsätzlich tragfähig sind. Das gilt insbesondere beim derzeitigen Preisniveau und den wirtschaftlichen Risiken und Kosten aus der Bereitstellung von Access auf Basis der Infrastruktur Dritter.

Dem augenblicklichen Trend nach zu urteilen, beginnen die klassischen Umsatz- und Wachstumsquellen der Online-Dienste-Anbieter zu versiegen. Stiegen die Ausgaben der deutschen Unternehmen für Online-Werbung im Jahr 2001 noch um durchschnittlich 25 Prozent gegenüber dem Vorjahr, so betrug das Wachstum im ersten Halbjahr 2002 im Vergleich zum Vorjahr nur noch insgesamt 5 Prozent. Auch das Geschäft mit schmalbandigem Internet-Access und Online-Verbindungsminuten wird mit zunehmendem Preisverfall immer unattraktiver. Die E-Commerce-Umsätze wachsen nicht schnell genug, insbesondere weil Internet-Nutzer daran gewöhnt sind, für Internet-Inhalte nichts bezahlen zu müssen und eine Änderung dieser „Alles-kostenlos-Mentalität" so gut wie unmöglich erscheint. Vor dem Hintergrund des kontinuierlichen Margenverfalls ist es daher nicht verwunderlich, dass die Marktkonsolidierung in vollem Gange ist. Den meisten Anbietern fehlt inzwischen die kritische Größe und Kapitalkraft, um im Wettbewerb bestehen zu können. Allein im Jahr 2001 haben 27 Telekom-Unternehmen, die u. a. Internet Access angeboten haben, Insolvenz angemeldet.

Neben Größe und Kapitalkraft sind die Wertschöpfungstiefe im Infrastruktur- und Content-Bereich, die Distributionsstärke und das Partnernetzwerk entscheidende Erfolgsfaktoren im Markt. Um ihre Profitabilität zu verbessern und im Wettbewerb weiterhin bestehen zu können, sind klassische Online-Dienste-Anbieter gezwungen, ihre Wertschöpfung zu erweitern und starke Partnerschaften aufzubauen. Gemessen an den Erfolgsfaktoren im Markt ist T-Online mit etwa 40 Millionen Billing-Beziehungen (darin enthalten T-Com und T-Mobile), dem Zugang zur Infrastruktur der Deutschen Telekom, einem flächendeckenden Vertriebsnetz (T-Punkte) sowie starken Partnern wie DaimlerChrysler/Star Mobility und Springer/bild.de der dominante Anbieter im deutschen Markt.

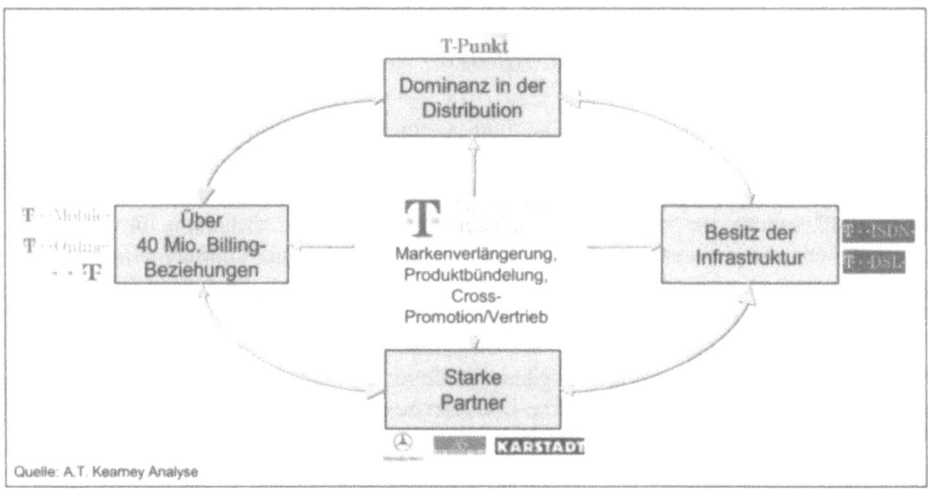

Abbildung 36: *Stärken der Deutschen Telekom*

Konsequente Access-Optimierung

Im Access-Bereich eröffnet die rasant wachsende Nachfrage nach breitbandigem Internetzugang neues Geschäftspotenzial für Online-Dienste-Anbieter. So konnte T-Online durch die Bündelung von DSL-Access mit seinem Online-Portalangebot nicht nur klare Wettbewerbsvorteile realisieren und Marktanteile von Wettbewerbern gewinnen, sondern auch die monatliche Nutzungszeit pro Kunde im Durchschnitt auf über 1000 Minuten signifikant steigern. Für Anbieter ohne eigene Netzinfrastruktur ist das DSL-Geschäft allerdings mit finanziellen Risiken verbunden und daher zur Zeit noch unattraktiv, denn Flat-Rate-Angebote an Endkunden werden im Wholesale-Geschäft bisher volumenbasiert abgerechnet, sodass bei intensiver Dienste-Nutzung der Dienste-Anbieter die Verbindungskosten nicht mehr erwirtschaften kann. Durch eine Änderung der ordnungspolitischen Rahmenbedingungen, die mehr Wettbewerb im Access-Bereich bzw. alternative Breitband-Zugangsplattformen ermöglicht, könnte diese Situation grundlegend geändert werden und der Weg für profitables Wachstum frei werden.

Online-Dienste-Anbieter ohne attraktives Breitband-Angebot sind mittelfristig sicherlich nicht überlebensfähig. Daher ist es besonders wichtig, möglichst schnell einen Infrastrukturpartner zu finden, mit dem ein Breitband-Angebot gemeinsam und zum beiderseitigen Vorteil realisiert werden kann.

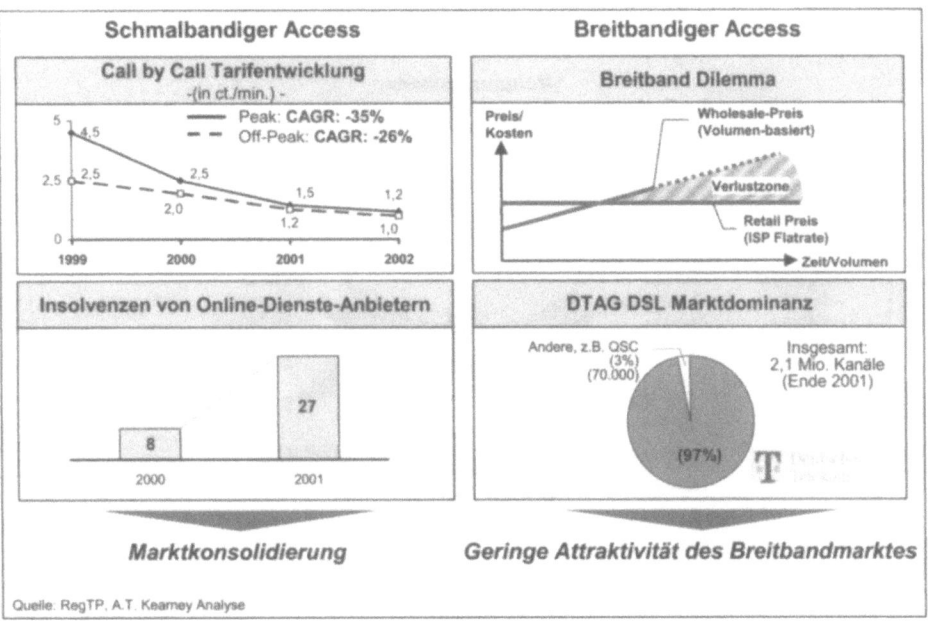

Abbildung 37: Trends im Access-Geschäft

Innovativer Portalausbau

Auch im Portalbereich hat der Wettbewerb um Online-Werbeausgaben und E-Commerce-Umsätze stark zugenommen. Neue Spieler wie Mobilfunk-Anbieter, Medienhäuser und Endgerätehersteller drängen in den Markt. Mit der Einführung von Breitband-Mobilfunkdiensten werden diese Anbieter Schritt für Schritt ihre Portale zu so genannten Multi-Access-Portalen ausbauen. Mobilfunk-Anbieter spielen hier eine Vorreiterrolle. Ziel der Multi-Access-Portale ist es, dem Nutzer unabhängig vom Endgerät, d. h. Mobiltelefon, PDA, PC, etc., den Zugang zu seiner gewohnten Dienste-Umgebung zu ermöglichen. Zusätzlich erfordern viele neue Mobilfunkdienste der nächsten Generation (z. B. Photo-Messaging via MMS bzw. Mobile Instant Messaging) eine Internet-Seite als wichtigen Bestandteil der Serviceleistung. Neben Mobilfunk-Anbietern drängen

Medienhäuser in den Markt, die ihre Marken und Inhalte kanalübergreifend und integriert über klassische und neue digitale Kanäle vermarkten. So gehört RTL-World bereits heute zu den wichtigsten Online-Netzwerken in Deutschland. Endgerätehersteller wie Sony oder Nokia betrachten Internetdienste zunehmend als wichtiges Element des Produkt- und Serviceangebotes (z. B. das Spielen über Club Nokia oder Club Sony-Ericsson), des Lead-User-Marketings und der Kundenbindung.

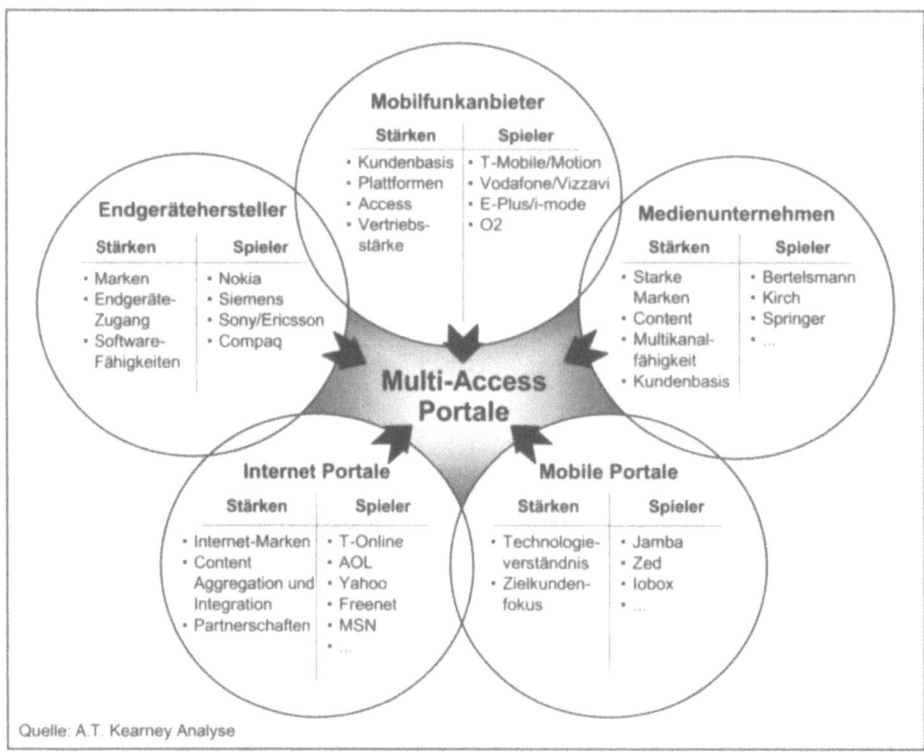

Abbildung 38: Wettbewerber im Portalgeschäft

Um sich in diesem Wettbewerb differenzieren zu können, müssen Online-Dienste-Anbieter die Attraktivität ihrer Portale kontinuierlich steigern. Dies gelingt zum einen über das Angebot neuer Dienste wie den AOL Instant Messenger, der eine sinnvolle Ergänzung zur E-Mail-Funktionalität ist und mit großem Erfolg weltweit sowohl im Internet und als auch im Mobilfunk vermarktet wird. Gerade die großen Anbieter wie Yahoo und AOL können solche Dienste auf Grund der zu realisierenden Skaleneffekte besonders günstig anbieten. Daneben sind (Breitband-) Premium-Inhalte von Bedeutung. Hierfür sollten Online-Dienste-Anbieter Partnerschaften mit starken Medienmarken eingehen, wie T-Online mit bild.de., anstatt eigene Inhalte zu entwickeln. Zusätzlich kann die Attraktivität der Premium-Marken der Partner genutzt werden, um die Bereitschaft des Kunden zu erhöhen, für Internet-Inhalte zu bezahlen. Beide Partner können zudem neue Kundengruppen (und zwar die des Partners) erschließen.

Auch für Medienunternehmen hat eine Partnerschaft erhebliche Vorteile, nicht zuletzt, um Investitionen in teure Portalinfrastruktur zu vermeiden. Die Bereitstellung einer leistungsfähigen Portalinfrastruktur für Medienunternehmen kann für Online-Dienste-Anbieter daher ein attraktives Geschäft mit erheblichem Umsatzpotenzial sein.

Online-Dienste-Anbieter müssen dazu in einem ersten Schritt Billing-Systeme bereitstellen, um Inhalte flexibel bepreisen und abrechnen zu können. Daneben sind State-of-the-Art Content Management, Redaktions- und Rights-Managementsysteme erforderlich, die auch in die entsprechenden Systeme des Medienunternehmens zu integrieren sind. Die Customer-Tracking und Management-Systeme des Online-Anbieters müssen ebenfalls weiterentwickelt werden, um eine gezielte Kundenansprache und Auswertung der Nutzungsdaten zu ermöglichen.

Schließlich müssen bestehende Portale zu Multi-Access-Portalen ausgebaut werden. AOL und MSN haben in den USA im Rahmen ihrer Partnerschaften mit AT&T Wireless bzw. mit Verizon Wireless erste Schritte in diese Richtung unternommen. Kunden haben mobilen Zugang zu ihren E-Mail-Accounts und können auch den AOL-Messenger mobil nutzen. Dadurch ist die Nutzung mobiler WAP-Dienste auf Seiten der Carrier erheblich gestiegen, während AOL bzw. Yahoo verhindert haben, dass Mobilfunkunternehmen ähnlich wie NTT DoCoMo in Japan eigene E-Mail-Dienste anbieten.

Im Bereich der Werbeflächenvermarktung wird es zukünftig immer wichtiger, Werbepartner bei der Kampagnenplanung möglichst frühzeitig und kompetent zu unterstützen. Dafür ist eine enge Verzahnung mit Agenturen und den Marketingabteilungen der Kunden erforderlich. Geografische, demografische und psychografische Profile der Online-Nutzer müssen vorliegen, um Kampagnen möglichst zielgerichtet planen zu können. Ein enges Monitoring der Kampagnen und eine schnelle Reaktionsfähigkeit erfordern die Möglichkeit einer zeitnahen und akkuraten Messung von Resultaten der Werbekampagnen. Zusätzlich sollten die Möglichkeiten von Cross-Media-Kampagnen soweit wie möglich genutzt werden. Online-Dienstleister müssen diese Fähigkeiten aufbauen, die Attraktivität des Internet für Werbetreibende zu steigern und damit die derzeit möglichen Werbeeinnahmen abzusichern.

4. Public Agenda: Durch „richtige" Regulierung Chancen für die Gesellschaft eröffnen

Dr. Thomas Hart (Bertelsmann Stiftung)

> „Regulation is not an end in itself. Regulation can only be justified under two sets of criteria: first, in circumstances of market failure, or; second, in pursuit of legitimate public policy goals." *Colin Blackman*

Die Diskussion über die Regulierung von Telekommunikations- und Medienmärkten wäre sehr viel einfacher, wenn diese Märkte nichts weiter wären als eben dies: gewöhnliche Märkte. Aber Telekommunikations- und Medienmärkte sind nicht gewöhnlich. Sie sind zum einen feste Bestandteile und gleichzeitig herausragende Beispiele für das Globalisierungsphänomen: Auf globaler Ebene wachsen Unternehmen dieser Industrien horizontal und vertikal zusammen, bringen national kaum noch durchschaubare Konglomerate hervor und sind dabei umworbene Elemente eines regionalen Standortwettbewerbs: Weltweit operierende Medienkonzerne nutzen Synergien auf globaler Ebene, produzieren Inhalte aber sprachbedingt für sehr stark national und regional geprägte Nutzerbedürfnisse mit lokalen Marken. Gleichzeitig entsteht eine globale Internet-Infrastruktur, über die sich Online-User die gewünschten Inhalte „anytime, anywhere" abholen können. Globalisierung und Regionalisierung geschehen gleichzeitig.

Zum anderen sind Telekommunikations- und Medienindustrie in mehrfacher Weise Motoren wirtschaftlichen Wachstums. Das Wachstum der Telekommunikations- und Medienindustrie, mit dem trotz Konsolidierungsprozess und Internet-Ernüchterung zu rechnen ist, wird in den kommenden Jahren über das gesamtwirtschaftliche Wachstum und den ökonomischen Wohlstand entscheiden – nicht nur durch ihr eigenes Wachstum, sondern vor allem auch, weil „Information" der Produktionsfaktor Nummer 1 aller Branchen ist.

Über diese bedeutenden ökonomischen Effekte hinaus sind Telekommunikations- und Medienmärkte aber auch außerökonomisch von höchster Relevanz. Dass Medieninhalte mehr als nur Wirtschaftsgut sind (oder sein können), ist evident. Aber Gleiches gilt auch für die Netze: Zwar stiften sie aus sich heraus keinen originären Nutzen, weder beim Unternehmen noch beim Individuum. Sie transportieren aber die eigentlich Nutzen stiftenden Dienste und Inhalte, die persönlichen Botschaften und die Massenmedien „an die Haustüren" der Kunden. Erst dort entsteht der Nutzen („Ohne Netz kein Nutzen"). Das Individuum profitiert weder von der Entstehung eines Inhalts noch von seiner Distribution, sondern es profitiert davon, dass es den Dienst oder Inhalt *nutzt* beziehungsweise *nutzen könnte*. Netze ermöglichen erst den Zugang zu diesen Nutzenquellen und haben *deshalb* eine so große gesamtgesellschaftliche Bedeutung.

Auch die Hüter der Wirtschaftspolitik verfolgen vor dem Hintergrund der Komplexität und der Interdependenzen in der Telekommunikations- und Medienindustrie die Entfaltung dieser Märkte mit besonderer Aufmerksamkeit: Werden diese Märkte zu sehr eingeengt, so droht – gerade in dem mit Zukunftsmärkten nicht gesegneten Deutschland – der Anschluss an die Wachstumssegmente der globalen Ökonomie verloren zu gehen. Die gleiche Gefahr besteht jedoch auch bei falsch verstandener Freizügigkeit des Marktregimes.

Was benötigt wird, ist eine gesunde Balance. Deshalb *kann* in den von natürlichen Monopolen gekennzeichneten Marktsegmenten ein gewisses Maß an Regulierung notwendig sein, um durch Wettbewerb zu Innovation und Wachstum zu gelangen.

In der Regulierungsdebatte zu den verschiedenen Teilmärkten werden neben den wirtschaftlichen unterschiedliche politische Argumente angeführt, die aus unterschiedlichen, teils zueinander im Widerspruch stehenden Politikfeldern bezogen werden, z. B.:

Industriepolitik: Für den Politikzweig, der sich mit der Förderung der industriellen Entwicklung, mit der Etablierung innovativer Branchen und letztlich mit dem gesamtwirtschaftlichen Wachstum befasst, sind die Telekommunikations- und Medienmärkte von essentieller Bedeutung, da sie selbst (mit den Branchen „Telekommunikation", „Digitale Dienste" und „Medien") einen erheblichen Beitrag zum wirtschaftlichen Wachstum und zum Wohlstand leisten und gleichzeitig die hoch entwickelte Telekommunikations-Infrastruktur anbieten, die entscheidend für die Etablierung und den Erfolg praktisch jeder anderen High-Tech-Branche am Standort Deutschland ist.

Regionalpolitik: Das regionalpolitische Ziel, einen möglichst ausgewogenen und zukunftsfähigen Branchen-Mix für die Ansiedlung an einem bestimmten Standort zu gewinnen, muss ebenfalls beide Aspekte beachten: Telekommunikations- und Medienmärkte leisten selbst Wertschöpfung, sie schaffen dabei aber auch beste Voraussetzungen für die Ansiedlung anderer Branchen vor Ort.

Gesellschaftspolitik: Telekommunikations- und Medienmärkte spielen zudem eine besondere Rolle bei der Gestaltung des Verhältnisses zwischen Bürger und Staat sowie im Gefüge der Bürger untereinander, also dem klassischen Interessenbereich der Sozialpolitik. Ein funktionierendes Gemeinwesen kann nicht akzeptieren, dass nur ein kleiner Teil der Gesellschaft als Informationselite von der rasanten Entwicklung der Angebote des Sektors profitiert, während die Informations-„Habenichtse" zunehmend ins Hintertreffen geraten.

Vertreter aller genannten Politikfelder führen ihre legitimen, aber sehr heterogenen Argumente für und wider Regulierung ins Feld. Die so entstehende Vielfalt an Regulierungs-Zielen erschwert die Gestaltung einer konsistenten Regulierung erheblich. Hinzu kommt, dass Telekommunikation und Medien dem Nutzer eine Leistung anbieten, deren inhaltliche Sinnhaftigkeit die Diskussion um Regulierung ebenfalls zu berücksichtigen hat: Medien können der Entspannung dienen, aber auch die Realitätsflucht fördern. Sie können praktische Informationsquellen für das private wie das berufliche Leben liefern und auch als kollektives Gedächtnis über die gesellschaftlichen Werte und Normen verstanden werden. Als „Vierte Gewalt" sind sie Kontrolleur des Staates. Gleich, wie viele Argumente man anführt: Die Gesellschaft steht in jedem Fall in der Verantwortung, „das Richtige" zu tun, d. h., sie hat auf einen Ausgleich zwischen den unterschiedlichen Interessenlagen abzuzielen.

> *Prinzipien des künftigen Ordnungsrahmens:*
> *Kommunikationsordnung 2010*
>
> In der „Kommunikationsordnung 2010" (www.ko2010.de) formulierte die Bertelsmann-Stiftung Prinzipien, denen eine zukunftsfähige Marktordnung genügen muss, will sie ihrem gesellschaftspolitischen Anspruch gerecht werden und gleichzeitig Signale für eine erfolgreiche Entfaltung der Kommunikations- und Medienmärkte setzen: Die Kommunikationsordnung 2010 muss offen und flexibel sein, sie muss an Prinzipien orientiert, anstatt um Details versessen sein. Nur dann kann sie heutigen und noch nicht absehbaren zukünftigen gesellschaftlichen und technischen Umbrüchen gerecht werden und auch in Zukunft einen zuverlässigen und transparenten Ordnungsrahmen bieten. Noch ist nicht entschieden, wie schnell sich neue Breitband-Technologien durchsetzen werden und ob die Nutzer diese überhaupt annehmen werden. Ein tragfähiger Ordnungsrahmen muss entsprechend flexibel genug sein und in jedem Szenario der Kommunikations- und Medienmärkte Zugang und Wettbewerb gewährleisten. Die Regulierungsprinzipien müssen diesem Anspruch gerecht werden:
>
> 1. **Internationalisierung der Regulierung:** Die künftige Aufsichtsstruktur muss die Chance erkennen und nutzen, dass Telekommunikationsmärkte nicht länger nationale Phänomene sind und sich in ein System internationaler Kooperation einbinden. Globale Unternehmen profitieren mittlerweile nicht mehr nur von Synergieeffekten, sondern nutzen ihre weltweite Präsenz auch zum Angebot von bruchfreien Netzen und Diensten. Im Bereich der Mediendienste und Rundfunkprogramme, bei denen es bis vor wenigen Jahren noch Prinzip war, Inhalte gezielt einem bestimmten, regional eingegrenzten Kreis von Nutzern (Zuschauern) zur Verfügung zu stellen, schlägt sich die Globalisierung der Märkte und Unternehmen nieder: Schon mit der Verbreitung von Satelliten-Empfangsanlagen auf Privathäusern verschwanden die alten Schranken für grenzüberschreitenden Rundfunk. Und das Internet war von vornherein ein globales Medium.
>
> 2. **Markt- und Wettbewerbsorientierung:** Die Kommunikationsordnung 2010 muss auf Marktordnung setzen und Pluralismus durch Wettbewerbsförderung sichern. Die kommenden Jahre werden durch die Verbreitung der Dienste über verschiedene Netze geprägt sein. „Das Breitbandnetz" gibt es noch nicht und vielleicht nie. Solange die über die Netze verfügbare Kapazität und Bandbreite aber noch ein Engpass für viele Dienste-Anbieter ist, erhält der gleichberechtigte Zugang der Anbieter zu den weni-

gen verfügbaren technischen Infrastrukturen überragende Bedeutung – allein schon aus Gründen der „Kommunikationsgerechtigkeit" und damit die Entwicklung der innovationsfördernden und wirtschaftlich bedeutenden Dienste-Märkte nicht gehemmt wird. Unternehmen, die diese „Nadelöhre" für die Übertragung kontrollieren, sind auch die Akteure, die durch ihre Zugangspolitik über die Intensität künftigen Wettbewerbs entscheiden werden. Erst nach und nach werden die technischen Systeme so ausgebaut und digitalisiert, dass dieses Problem verschwindet und es keine knappen Kapazitäten mehr gibt.

3. **Ko-Regulierung:** Eine Ko-Regulierung ist nicht nur marktkonformer, sondern auch effektiver, weil sie die Betroffenen – also die gesamte Industrie – einbezieht. Die Sachkenntnis und das Eigeninteresse der Akteure können und müssen für die Regulierung nutzbar gemacht werden. Das Prinzip der Ko-Regulierung, das Selbstregulierung einbezieht, sollte den Kern einer markt- und wettbewerbsorientierten Kommunikationsordnung bilden. Als wichtiger Bestandteil der Ko-Regulierung sollten Diskussionsforen für die Industrie bereitgestellt werden – die besonders wichtig sind für Themen, die der grenzüberschreitenden Aufsicht und Kontrolle bedürfen. Hier können beispielsweise international gültige Normen und Standards für Endgeräte, Zugangstechniken, aber auch für Dienste gesetzt werden. Das wirkt vor allem im Bereich der technischen Aspekte der Gefahr entgegen, dass zahlreiche Anbieter jeweils eigene Standards entwickeln, die nicht mit denen anderer Anbieter kompatibel sind und daher dem Nutzer keinen offenen Zugang gewähren.

4. **Konvergenz der Regulierung:** Der Ordnungsrahmen für Kommunikationsmärkte muss der Marktkonvergenz Rechnung tragen und ein Gesamtkonzept darstellen, innerhalb dessen eine sinnvolle Aufsicht über Übertragungswege und Inhalte möglich ist. Die Kommunikationsordnung muss künftig verstärkt kooperativen Verfahren der Regulierung den Vorrang vor staatlicher Intervention geben. Auch in Zukunft wird man trotz Konvergenz und Digitalisierung eine klare Trennung zwischen verschiedenen Sachverhalten beibehalten müssen, die aus dem einen oder anderen (wirtschaftlichen oder gesellschaftspolitischen) Grund weiterhin der Aufsicht durch staatliche oder auch nicht-staatliche Kontrollinstanzen bedürfen. Jedoch lohnt es sich, zu Beginn eines solchen Reformprozesses, das Gesamtsystem der relevanten und konvergierenden Märkte in den Blick zu nehmen: Telekommunikation, Mehrwertdienste, Mediendienste, Rundfunk. Erst durch den Gesamtblick gelingt es, klar zu differenzieren, welche Sachverhalte künftig keiner gesonderten Aufsicht mehr unterstellt werden sollten und bei welchen die Zusammenführung unter einem Aufsichtsdach angebracht wäre. Ferner ist zu entscheiden, bei welchen Sachverhalten aus wirtschaftspolitischen oder gesellschaftspolitischen Gründen weiterhin eine sektorspezifische Intervention notwendig erscheint.

Deutlich wird die Notwendigkeit, hier den erwähnten Balance-Akt zu vollführen zwischen ökonomisch und gesellschaftspolitisch motivierten Interessen am Beispiel „Regionalisierung der TAL": Mit einer ökonomisch unbestritten effizienten und marktorientierten Regulierungslösung (nämlich der Aufgabe der Tarifeinheit im Raum und einer Flexibilisierung der Preise) ist erst ein Teil der regulatorischen Aufgabe erledigt. In einer sozialen Marktwirtschaft müssen nun soziale Konsequenzen folgen. Im Fall der Möglichkeit deutlicher Preissteigerungen im ländlichen Raum wäre aus dieser Perspektive zu bedenken, ob und welche Maßnahmen hier soziale Härten beziehungsweise den Ausschluss bestimmter Bevölkerungsgruppen vom Medien- und Dienste-Angebot verhindern können.

Auch hierin liegt die natürliche Aufgabe künftiger Regulierung: Es geht nicht darum zu intervenieren, um die gesellschaftlichen Vorstellungen zu diesen Punkten durchzusetzen. Vielmehr gilt es, im Sinne der genannten Balance von Ökonomie und Gesellschaft einen Ausgleich zu erzielen. Durch aufmerksames Beobachten, Identifizieren von unerwünschten Entwicklungen und gegebenenfalls durch Suchen und Durchsetzen von geeigneten Wegen werden Bedingungen geschaffen, die beiden Seiten entsprechen. Nur als letzte Möglichkeit geschieht dies durch „Intervention", also durch Einschränkung der Freizügigkeit am Markt. Alle anderen Möglichkeiten sind weniger hart: Anreize setzen, Diskussionen anregen, Impulse zur Kooperation geben. In diesem Zusammenhang müssen Gesetzgeber wie Regulierer verstehen, dass es keine Regulierung um ihrer selbst willen geben darf. Regulierung ist nicht grundsätzlich gerechtfertigt, sondern immer nur so lange, bis das Problem beseitigt ist, das zur Regulierung führt.

Besteht derzeit ein solcher regulatorischer Handlungsbedarf am Standort Deutschland?

Wirtschaftlich gesehen ist die Antwort evident: Ohne zusätzliche Impulse in den Kernmärkten kann sich schnell ein nicht mehr aufholbarer Rückstand entwickeln. Eine Gesellschaft leidet immer darunter, nicht Teil des Wachstums zu sein und das Auslassen der „Chance Informationsgesellschaft" hätte fatale Auswirkungen auf die Qualität des Standorts Deutschland.

Das ist deshalb so gefährlich, weil in Deutschland auch andere Standortfaktoren vernachlässigt wurden, zum Beispiel bei der Verbreitung neuer Medien in Schulen, Universitäten und Bibliotheken. Neben Anschlüssen fehlen auch Konzepte, wie sich die „alte Welt" der Erziehung und die „neue Welt" der Kommunikationstechnologien und der Medien fruchtbar ergänzen können. Und bezüglich der elektronischen Medien ist das drängendste Probleme gar nicht so sehr die konkrete Gefahr der selektiven Information oder des selektiven Zugangs. Es sind vielmehr das fehlende Ordnungskonzept und die verwirrende Vielfalt an Eingriffsmöglichkeiten „für Chancen" und „gegen Risiken", die Besorgnis aufkommen lassen. Jeder positive Aspekt der Informationsgesellschaft hat auch eine Kehrseite: Zugang für alle bedeutet die Möglichkeit für alle, sich umfassend zu informieren – und ist damit eine Herausforderung für den Staat als Förderer seiner Bürger; Zugang bedeutet aber auch für alle die Möglichkeit, negative Entwicklungen zu fördern und politisch in der Demokratie nicht erwünschte oder illegale Inhalte, z. B.

Extremismus und Rassismus, schneller und effektiver zu verbreiten als je zuvor. Das eine zu fördern und das andere zu unterbinden ist der Spagat, den „Kommunikations- und Medienpolitik" zu leisten hat.

Die Diskussion darum, welchen Nutzen sich eine Gesellschaft von den neuen Kommunikationsmöglichkeiten verspricht, muss deshalb von vornherein gemeinsam mit der Diskussion geführt werden, ob diese Gesellschaft sich bewusst ist, welche unerwünschten Effekte die Entfaltung dieser neuen Möglichkeiten in sich trägt. Technologie-Euphorie schadet nicht auf dem Weg zu einer Wohlfahrt stiftenden digitalen Gesellschaft. Technologie-Kritik und die frühzeitige Analyse der Konsequenzen für Bürger und Gesellschaft sollten aber gerade wegen der Euphorie nicht ausgelassen werden. Diese Diskussion kann nicht allein den Technikern und Regulierern, auch nicht allein der Politik überlassen werden. Der gesellschaftliche Diskurs ist gefragt, und nicht erst dann, wenn Gewalttaten von Jugendlichen die neuen Medien in Generalverdacht bringen oder wenn erschreckende Zahlen, z. B. über die im Internet verfügbare Kinderpornografie, die Hilflosigkeit der in den Vor-Internet-Zeiten etablierten diesbezüglichen (staatlichen und privaten) Regulierungsinstanzen deutlich machen.

Der Diskurs sollte schon viel früher ansetzen, bei weniger spektakulären Phänomenen, die allgegenwärtig sind und doch oft gar nicht als Problem wahrgenommen werden: Wer eine Suchmaschine nutzt, um sich im Informationsdschungel zurecht zu finden, der muss schnell erkennen, dass die Realität und ihre Abbildung in den Suchmaschinenresultaten oft auseinander klaffen. Falsche Resultate durch Tricks wie „Index Spamming", gekaufte Such-Ergebnisse oder die Omnipräsenz pornografischer Inhalte, die oft auch noch das Betriebssystem des Nutzers verändern und die bei fast allen Suchanfragen auftauchen, machen deutlich, dass es schon erheblicher Medienkompetenz bedarf, um im Netz zu akkurater und relevanter Information zu gelangen (www.transparenz-im-netz.de).

Die deutsche Medienpolitik unterstützt derzeit Qualität und Vielfalt. Der Auftrag im Sinne des Freiheitsgedankens des Grundgesetzes ist eindeutig: Ein Medien-System kann nur verfassungskonform sein, wenn es im demokratischen Sinne hochwertig (also vor allem vielfältig) *und* wenn es für die Bürger verfügbar ist. Meinungsfreiheit kann nur entstehen, wenn Meinung sich bilden kann – durch umfassende und ausgewogene Information. Dies zu gewährleisten ist originäre staatliche Aufgabe.

Doch das organisch gewachsene institutionelle System, mit dem dies in Deutschland erreicht werden soll, hat nicht den Ruf, seiner Aufgabe sehr stringent nachzukommen. Die derzeitige Regulierungsstruktur kann nur behäbig auf technische Entwicklungen reagieren. Da aber nicht der Staat allein Sicherheit und Qualität in diesem Dschungel aus Informations- und Kommunikationsmöglichkeiten schaffen kann, sind Entscheider in anderen Bereichen europaweit und weltweit jetzt mit dieser Aufgabe konfrontiert.

Tatsächlich haben die Digitalisierungs- und Konvergenzprozesse in den Märkten schon seit geraumer Zeit zu einem Überdenken der Rahmengesetzgebung geführt. Vielfältige Reform-Impulse kommen derzeit vor allem von Seiten der Europäischen Union, die sich intensiv der Novellierung und Konsolidierung ihrer einschlägigen Vorgaben widmet:

- Mit dem neuen Richtlinienpaket zur Telekommunikations-Regulierung (das von den Mitglieds-Staaten bis Mitte 2003 umgesetzt werden muss) zielt die EU-Kommission vor allem auf die Vereinfachung und Zusammenfassung der mannigfaltig existierenden Vorgaben. Das Ziel wird in der entsprechenden Rahmenrichtlinie klar vorgegeben: Es geht darum, einen stringenten Ordnungsrahmen zu schaffen, der den Weg von der sektorspezifischen Regulierung der Netze hin zur allgemeinen Wettbewerbskontrolle weist. Es handelt sich also um den Versuch, die marktseitigen Schranken zu beseitigen, welche die Entfaltung des positiven Potenzials – ökonomisch oder gesellschaftlich – der elektronischen Kommunikationsmärkte behindern. Die Richtlinien zu Access- und Universal-Dienst zeigen besonders deutlich, dass Kommunikationsnetze nicht als Selbstzweck, sondern als gesellschaftlich wertvolle Ressource zu behandeln sind.

- Gleichzeitig steht die Novelle der EU-Richtlinie „Fernsehen ohne Grenzen" an – der Versuch, diejenigen Aspekte der audiovisuellen Medien, die von der nationalen Kulturhoheit unabhängig sind, auf übergeordneter Ebene zu koordinieren. Ob die angestrebten Regelungen zu Themen wie Jugendschutz oder der Förderung qualitativ hochwertiger Inhalte schließlich „gute", also mit den Anforderungen einer demokratischen Gesellschaft im 21. Jahrhundert zu vereinbarende Maßnahmen sein werden, ist noch offen. Der Grundgedanke der Novelle ist aber schon jetzt deutlich: Pluralität der Inhalte bedeutet zwar nicht in allen Ländern das Gleiche – die Richtlinie soll aber den Mitgliedsländern einen Weg weisen, der sie europaweit zu Pluralität und Verfügbarkeit hoher Qualität führen soll.

Die mit dieser Gesetzgebung auf Bundes- sowie auf EU-Ebene zusammenhängenden Maßnahmen-Bündel zielen sowohl auf den Zugang zur Information als auch auf die Information selbst. Sie sind aber als Einheit zu betrachten und senden ein gemeinsames Signal: Gesellschaftsverträgliche und wachsende elektronische Kommunikationsmärkte sind zum Nutzen aller zu gestalten. Die übergeordneten Ziele einer gesellschafts- oder sozialpolitisch ausgerichteten Regulierung „Zugehörigkeit und Teilhabe", „Fähigkeit zur Partizipation an gesellschaftlicher Meinungs- und Willensbildung" sowie „Verfügbarkeit vielfältiger und hochwertiger Inhalte" sind elementar für ein funktionierendes Gemeinwesen und können Regulierung und gesellschaftlichem Diskurs als Leitfaden dienen.

4.1 Zugehörigkeit und Teilhabe

Im Bereich der **Telekommunikationsmärkte** besteht bereits Konsens darüber, dass die flächendeckende Verfügbarkeit von Telefonanschlüssen, die auch für jedermann erschwinglich sind, zum Vorteil der gesamten Gesellschaft ist. Nutzen stiftend ist dabei die Fähigkeit, vermittels eines Telefonanschlusses zu kommunizieren, freundschaftliche und familiäre Bindungen auch über große Distanzen aufrecht zu erhalten, sich am Diskurs des Gemeinwesens zu beteiligen, aber auch – pragmatischer – in der Lage zu sein, in

Unglücksfällen schnell Hilfe herbeizuholen oder den Informationsfluss in einer Gesellschaft zu beschleunigen. Regulatorisch äußert sich der Konsens darin, dass zahlreiche Staaten durch Universaldienstverpflichtungen Gewähr tragen, dass es hier nicht zu Angebotsdefiziten kommt.

Eine ähnliche gesellschaftliche Bedeutung ist sicher auch dem **Internet als Informationsquelle und Kommunikationsweg** nicht mehr abzusprechen. Natürlich kann hier mindestens ebenso wie im Falle der Telefonie und der elektronischen Massenmedien argumentiert werden, dass die Nicht-Teilhabe am Phänomen Internet und an dessen Inhalten für einen Bürger den Ausschluss aus bestimmten gesellschaftlichen Entwicklungen bedeuten würde. Zudem ist die „Internet-Fähigkeit" zu einer nicht zu unterschätzenden Qualifikation auf den Arbeitsmärkten geworden und wird es zukünftig noch stärker sein.

Solange es aber keine schlüssige Begründung dafür gibt, warum ein Bürger ohne Breitband-Anbindung an das Datennetz grundlegend benachteiligt sein sollte, während gleichzeitig die Versorgung mit solchen Bandbreiten (noch) nicht flächendeckend gewährleistet ist, muss die Entscheidung für den einen oder anderen Dienst – und auch der Verzicht darauf – dem Einzelnen überlassen werden. Bei der derzeitigen Angebotsstruktur und der Bandbreite, die insbesondere für Unterhaltungsangebote notwendig ist, ist es fraglich, ob diese Argumentation geleistet werden kann, denn ein Schmalband-Anschluss ist, so könnte argumentiert werden, für jedermann erschwinglich.

Ein Universaldienst für die Informationsgesellschaft?

Die Versorgung mit Telekommunikationsleistungen wird wegen ihres Beitrags zur menschlichen Fähigkeit der Partizipation und freien Meinungsäußerung oft zu den menschlichen Grundbedürfnissen (und Grundrechten) gezählt. Sie darf deshalb nicht durch das Fehlen der finanziellen Voraussetzungen eines Haushaltes verhindert werden. Durch ein kostenorientiertes Angebot würde einigen Bürgern in Gebieten mit hohen Bereitstellungskosten (vor allem Regionen mit geringer Bevölkerungsdichte) ihr Recht faktisch vorenthalten werden, und die Kluft zwischen der Informationselite und den „Kommunikations-Analphabeten" würde vergrößert. Das Universaldienst-Konzept soll dies verhindern:

„Universaldienst: Ein [...] Mindestangebot an Diensten von bestimmter Qualität, das allen Nutzern unabhängig von ihrem Standort und, gemessen an den landesspezifischen Bedingungen, zu einem erschwinglichen Preis zur Verfügung steht".

Weil unter Marktbedingungen vor allem Bewohner des ländlichen Raumes unter Umständen erheblich höhere Kosten für einen Anschluss zu tragen hätten, kann der Regulierer mit Hilfe des Universaldienstes Anbieter dazu verpflichten, auch den abgelegensten Bewohnern einen Anschluss anzubieten.

Dieser Kontrahierungszwang wird auch gelegentlich durch räumliche Tarifeinheit (so etwa im US-amerikanischen Telecommunications Act) oder wenigstens annähernd gemittelte Tarife ergänzt, um Basisleistungen für alle Bürger „erschwinglich" zu halten. Offenbar wird diese Versorgung vom Gesetzgeber auch für wichtiger erachtet als die mit PCs, Büchern oder Zeitschriften. Für diese existiert ein Recht auf flächendeckende und erschwingliche Verfügbarkeit nicht (lediglich z. T. eine Förderung der Verbreitung, wie im Fall von Print-Medien). Das ist ein durchaus legitimer Kritikpunkt am Universaldienst insgesamt: Die genannten Produkte und Dienste sind ja auch ohne Verpflichtung durchaus recht verbreitet.

Heute umfasst der Universaldienstbegriff sehr viel mehr als nur den reinen Telefonanschluss. Neben Zusatzleistungen wie Teilnehmerverzeichnissen und öffentlichen Fernsprechern hat jeder EU-Bürger auch das Recht darauf, Datenübertragung zu erschwinglichen Preisen ermöglicht zu bekommen. In der Neufassung der Universaldienst-Richtlinie 2002/22/EG ist erstmals konkret von der Gewährleistung eines „funktionalen Internetzugangs" die Rede.

Sollte die Vorschrift weiter gefasst werden und „Breitband-Internet für Alle" durch die Regulierung gewährleistet werden? Die Möglichkeit besteht. Jedem Mitgliedsstaat steht es frei, das Spektrum der Dienste, die „universal" angeboten werden müssen, beliebig zu erweitern. Es ist dann jedoch nicht mehr zulässig, die Finanzierung der flächendeckenden Versorgung auf die anderen Marktteilnehmer abzuwälzen. Gönnt sich ein Mitgliedsstaat den Luxus des gesetzlich geregelten preiswerten „Broadband für Alle" (oder „Online Chat für Alle" oder „Web-based SMS für Alle", etc.), so muss dieser Entscheidung ja die Frage vorausgegangen sein, ob von dem jeweiligen Dienst die Gesellschaft *insgesamt* profitiert. Nur dann ist ein solcher erheblicher regulatorischer Eingriff zu rechtfertigen. Wird die Frage bejaht, so liegt die Forderung nahe, dass auch die gesamte Gesellschaft (nämlich qua Steuerfinanzierung) für die Kosten gerade stehen muss.

Mit der Regelung wird also konstatiert, die über die in der Richtlinie hinausgehenden Dienste seien für die Gesellschaft weniger relevant als die genannten. Fraglich ist, ob eine solche Feststellung einheitlich für einen so heterogenen Raum wie die EU getroffen werden kann. Deutschland etwa wurde bislang von den Universaldienstpflichten „unterfordert": Der Regulierer sah keine Notwendigkeit, eine Universaldienstlizenz zu vergeben. Die Versorgung hinsichtlich der gesellschaftlich notwendigen Dienste wurde für ausreichend erachtet.

Ein experimentierfreudiges Land, das sich mit Hilfe des Universaldienstes beispielsweise an der flächendeckenden Etablierung von Wireless-Lan-Hot-spots versuchen möchte, wird in diesem Versuch gehemmt. Möglicherweise ist ein flexibleres System, das auf die Ausgangslage in den Ländern Rücksicht nimmt, geeigneter, die Informationsgesellschaft voranzubringen.

4.2 Fähigkeit zur Partizipation an gesellschaftlicher Meinungs- und Willensbildung

Das explosive technologische Wachstum berührt alle gesellschaftlichen Bereiche. Es bietet die einzigartige Chance für eine stärkere Beteiligung der Bürger am wirtschaftlichen, gesellschaftlichen und politischen Leben. Die digitalen Technologien ermöglichen neue Formen des Lehrens und Lernens; sie steigern unsere Effektivität im Beruf – und sie erlauben es uns, direkter als bisher Einfluss auf politische Entscheidungen zu nehmen.

Wer von diesen Entwicklungen profitieren will, muss sein Wissen und seine Fähigkeiten permanent auf dem neuesten Stand halten. Die Informations- und Kommunikationstechnologien des 21. Jahrhunderts, die sich in alle Lebenssituationen hinein verbreiten, lassen die Ansprüche an unsere Qualifikation wachsen. Erfolg – ob am Arbeitsmarkt oder bei der Verfolgung privater Ziele – setzt heute voraus, dass tradierte Vorstellungen und Überzeugungen kontinuierlich überdacht werden: Die notwendigen Kompetenzen des 20. Jahrhunderts reichen nicht mehr aus – die Bertelsmann Stiftung und AOL Time Warner Foundation haben erforderliche Maßnahmen auf dem Weg zu einer solchen „21st Century Literacy" beschrieben und kommen zu dem Schluss, dass weder in Deutschland noch in den meisten anderen europäischen Staaten systematische und integrierte Konzepte dazu existieren, wie Bürgern und Unternehmen bei der Bewältigung dieser Aufgabe beigestanden werden könnte (www.21stcenturyliteracy.org).

Neben den neuen Anforderungen an das Bildungssystem und die Arbeitswelt ist es vor allem der Bürger als Mitglied einer politischen Gemeinschaft, der mit einer neuen Situation konfrontiert wird. Traditionelle Definitionen von Bürgertum waren stets an staatliche Gebilde gebunden. Im Informationszeitalter lösen sich solche Begrenzungen jedoch immer mehr auf. Eine Studie des Harvard Information Infrastructure Project hat ermittelt, dass sich Menschen künftig womöglich stärker an elektronisch konstituierten Gemeinschaften orientieren werden als an staatlichen.

Das ist wenig überraschend – und doch stellt es sowohl Regierungen als auch Bürger vor neue Herausforderungen. Das Internet bietet heute mehr Perspektiven als jedes andere Medium. Nur ein Beispiel: Die Webseite thepaperboy.com aus Australien liefert Links zu Nachrichten aus mehr als 150 Ländern dieser Erde und bietet damit jedem Nutzer weltweit ein globales Meinungsspektrum – von Afghanistan bis Zimbabwe. Ausländische Internetseiten sind ebenso leicht aufzurufen wie lokale Websites. Online-Angebote sind prinzipiell geeignet, den grenzüberschreitenden Informationsbedarf international interessierter und orientierter Nutzer abzudecken.

Auch die Rolle des Bürgers *kann* sich in der Informationsgesellschaft verändern – dies geschieht aber nicht automatisch. Ist die bisherige Beziehung zwischen Staat und Bürger noch sehr stark von einem Gefühl der Distanz und der fehlenden Möglichkeit zur Einflussnahme geprägt, entstehen mit Internet und E-Mail neue Instrumente zum unmittelbareren Kontakt. Gilt „der Staat" heute als kafkaeskes Labyrinth, können moderne Technologien dazu beitragen, Wesen und Funktion staatlicher Institutionen transparenter zu machen. Eine neu definierte Bürgerrolle bedeutet dabei auch neue Verantwortlichkeiten. In der besten aller Welten wird die neue, „digitale" Bürgergesellschaft durch den intensiven Dialog zwischen Staat und Bürger geprägt sein, durch die Vernetzung der Bürger untereinander, um relevante Themen schon im vor-staatlichen Raum zu diskutieren und zu entscheiden. Die wichtigste Voraussetzung dafür ist die Bereitschaft der Menschen, sich mehr für das Wohlergehen der eigenen Gemeinschaft zu engagieren. Ebenso wichtig ist es, dass sich die staatlichen Einrichtungen auf allen Ebenen öffnen, Transparenz schaffen und dass sie den Bürgern die Kommunikation untereinander und mit den Institutionen der öffentlichen Hand ermöglichen.

Zwei eng zusammenhängende Konzepte stehen für diese Entwicklung: E-Government und E-Democracy, die den Bürgern sowohl neue Dienstleistungen anbieten als auch neue Möglichkeiten einräumen, um aktiv an politischen Entscheidungsprozessen mitzuwirken. Zur Zeit in allen Staaten und auf allen Ebenen intensiv bearbeitet, befinden sich beide Konzepte noch im Selbstfindungs-Stadium: Was sind die besten Lösungen? Wie können sie finanziert werden? Wie können die Bürger für eine engagierte Nutzung gewonnen werden?

Die Informationsgesellschaft im Dienste der Bürger: E-Government / E-Democracy

Unter dem Titel „Balanced E-Government" hat die Bertelsmann Stiftung zwölf besonders interessante E-Government-Beispiele im Rahmen einer internationalen Best-Practice-Studie unter die Lupe genommen (www.begix.de). „Balanced E-Government" umfasst dabei: Sowohl das traditionelle Feld von E-Government, also die elektronische Bereitstellung von Behörden-Dienstleistungen, als auch den Einsatz neuer technischer Möglichkeiten, um eine stärkere Einbindung der Bürger in öffentliche Entscheidungsprozesse zu forcieren („E-Democracy"). Das Ergebnis: Den meisten Entscheidern in Ländern wie den USA, Kanada, Schweden, Deutschland etc. liegen ausgereifte Konzepte und umfassende Programme bereits vor, diese sind aber bei weitem noch nicht vollständig umgesetzt. Dieses Umsetzungsdefizit wird gravierender, wenn man neben den traditionellen Verwaltungsdienstleistungen auch solche Angebote betrachtet, in denen die Online-Bürgerpartizipation im Mittelpunkt steht.

Es gibt jedoch schon Beispiele aus der Praxis: Das E-Government-Angebot des schottischen Parlaments ist in vielerlei Hinsicht vorbildlich. Im Mittelpunkt der innovativen Ansätze, die das Parlament mit Experten entwickelt hat, steht die Verwirklichung von Partizipations- und Transparenzangeboten. Der Einsatz moderner Technologien und des Internet im Rahmen der parlamentarischen Arbeit ist innovativ und von Sachlichkeit in der Erwartungshaltung geprägt:

E-Government bzw. E-Democracy wird als wichtige Ergänzung zum direkten persönlichen Kontakt zwischen Bürger und Staat gesehen. Im internationalen Kontext besonders beachtenswert sind die angebotenen Services E-Petition und E-Consultation.

E-Petition, das Online-Petitionsverfahren, wurde erstmals im Zusammenhang mit der Einrichtung von Landschaftsschutzgebieten an der schottischen Küste getestet. Das zweite große Test-Projekt war die Vorbereitung des Gipfels zu nachhaltiger Entwicklung in Johannesburg, bei dem über elektronische Konsultationen die Meinungen der schottischen Bürger dazu eingeholt werden, welche Positionen Schottland dort vertreten solle. Es sind die großen Themen, bei denen auch auf eine verbreitete Resonanz in der Bevölkerung gebaut wird, bei deren Diskussion das Internet als Medium für die Erhebung und Bündelung von Bürgermeinungen dient. Mit dem E-Petition-Projekt (http://www.e-petitioner.org.uk/) wurde sowohl für die Abgeordneten als auch für die Bürger die Transparenz erheblich gesteigert. Die Parlamentarier profitieren davon, dass Online-Petitionen nicht nur mit den elektronischen „Signaturen" versehen sind, sondern dass ihnen über die freien Kommentare, die jeder Unterzeichner anfügen kann, auch ein klareres Bild zur Meinungslage in der Bevölkerung vermittelt wird.

E-Consultation, der zweite Bestandteil der E-Partizipations-Strategie (zu finden unter http://www.e-consultant.org.uk/), wurde im Mai 2000 zunächst in einem semi-parlamentarischen Bereich getestet: 20 Themen, die speziell Bildungsfragen Jugendlicher betrafen, wurden aufbereitet und zur öffentlichen Diskussion gestellt. Ziel war es, Input für die „Scottish Youth Conference" zu generieren. Mit einer PR-Kampagne, die traditionelle und neue Medien umfasste, wurde zu Kommentaren zu den vorgelegten Vorschlägen aufgerufen.

4.3 Verfügbarkeit vielfältiger und hochwertiger Inhalte

„Content is King" – der Leitspruch der Medienwirtschaft ist nicht nur in ökonomischer Hinsicht gültig. Der Ausspruch deutet auch hinsichtlich der „weicheren" Regulierungsfaktoren darauf hin, dass Regulierung den Zugang der gesamten Bevölkerung zu einer ausgewogenen Vielfalt elektronischer Medien gewährleisten muss. Nur die Inhalte sind entscheidend. Die Kommunikationsnetze und Vertriebsorganisationen spielen trotzdem eine entscheidende Rolle. Diese Rolle ist aber abgeleitet aus der weit über die kommerzielle Dimension hinausgehenden Bedeutung, die mediale Inhalte für eine Gesellschaft haben. Deshalb dürfen auch technische Regulierungsfragen nicht isoliert von der Bedeutung der Inhalte betrachtet werden: Die Preisregulierung im Ortsnetz, die Frequenzvergabe für terrestrische Rundfunk-Verbreitung, die Konditionen zur Vergabe der Sendeplätze im TV-Kabel bzw. Must-Carry-Vorschriften im Kabelnetz sind entscheidend für die Frage, wen welche Inhalte zu welchen Konditionen erreichen bzw. erreichen können.

Einerseits steht die „Qualität", andererseits steht die Vielfalt der verfügbaren Dienste und Inhalte traditionell im Mittelpunkt der Regulierungsanstrengungen. Die Instrumente hierzu sind vielfältig: Hinsichtlich kommerzieller Medienmärkte ist das wichtigste Instrument zur Gewährleistung einer breiten Palette vor allem der in den elektronischen Massenmedien verbreiteten Inhalte das Kartellrecht, das (wiederum der besonderen Rolle der Medien geschuldet) sogar teilweise außerhalb des allgemeinen Kartellrechts in eigenen Institutionen behandelt wird – mit der Einrichtung der Kommission zur Ermittlung der Konzentration im Medienbereich (KEK) wurde diese kartellrechtliche Regulierung vom allgemeinen Kartellrecht institutionell getrennt. Pluralismus wird hier im Sinne eines Außenpluralismus angestrebt, also der Existenz einer ausgewogenen Inhalte-Vielfalt durch viele Anbieter unterschiedlicher Prägung.

Die „Qualität", also die Professionalität der Inhalte, insbesondere aber auch ihr Freisein von Gefährdungspotenzialen (z. B. hinsichtlich Jugendschutz, Volksverhetzung, etc.) ist davon zunächst einmal unabhängig. Hierbei geht es vor allem darum, einen gesellschaftlichen Konsens dazu zu finden, welche Inhalte wem zugänglich gemacht werden sollen bzw. wie unterschiedliche Gruppen (etwa Kinder / Jugendliche) vor solchen Inhalten geschützt werden können, die nicht ohne weiteres für sie geeignet sind. Die Sendezeitenregelung, der Klassiker unter den Regulierungsinstrumenten, erreichte hierbei schon im TV-Zeitalter seine Grenzen: Dass zahlreiche Kinderzimmer über eigene Geräte verfügen, ist nur eines der Probleme. Ein vielschichtigeres Problem zeigt sich, wenn reflektiert werden soll, ob in einer heterogenen Gesellschaft überhaupt gemeinsame Nenner dazu gefunden werden können, was „Qualität", „Jugendgefährdung" oder „Geschmacklosigkeit" anbelangt. Welche Rolle soll bei dieser Konsensfindung der Staat spielen und wie viel Verantwortung soll bei den Familien liegen?

Beide Ziele – Pluralität und Qualität – zu erreichen, wird durch die Konvergenz der Medien, der Netze und der Dienste nicht einfacher. Nicht nur internationalisiert sich vor allem im Internet der verfügbare Inhalt, sodass nationale Regelungen kaum mehr effektiv greifen (und Konzepte wie die des „relevanten Marktes" im Kartellrecht schwieriger anwendbar werden). Es wird auch auf der technischen Ebene immer schwerer, Unerwünschtes von Erwünschtem zu trennen. Kann ein Kabelnetz-Regulierer noch bei einem Verstoß einen Sender ggf. aus dem Netz werfen, so ist das im Internet nicht einmal theoretisch, noch weniger praktisch, denkbar. Zu viele Anbieter bieten aus zu vielen nichtkoordinierten Rechtssystemen heraus Inhalte an. Zu wenige Nutzer haben die Fertigkeit (und die Geduld), eine ihren Werten und Vorstellungen gemäße Selektion selbst vorzunehmen.

Neue Konzepte dazu, wie auch im Internet-Zeitalter eine effektive Inhalte-Regulierung gewährleistet werden kann, existieren – manche noch im Stadium der akademischen Überlegung, manche schon in der Praxis etabliert, wie das auf Selbstregulierung basierende Filtersystem ICRA (www.icra.org). Entscheidend ist bei all diesen Aktivitäten:

Die Verantwortung liegt zunehmend weniger beim Staat, sie wandert zurück zum Bürger und zur Industrie. Deren Handlungsmöglichkeiten steigen in gleichem Maße wie die staatliche Regulierung abnimmt. Konzepte wie Ko-Regulierung oder Selbstregulierung sind deshalb in aller Munde. Der Staat hat hierbei eine rahmensetzende und koordinierende Rolle, er zieht sich aber aus dem „Tagesgeschäft der Intervention" sukzessive zurück.

Dass die Rolle staatlicher Instanzen bei der Förderung „hochwertiger" Inhalte auch noch ganz andere Ausprägungen finden kann, ist evident. Es ergeben sich – wie zur Zeit schon an den neueren Aufgabenfeldern der Landesmedienanstalten zu sehen – zahlreiche Herausforderungen im Bereich der Förderung von Medienkompetenz, etwa der stärkeren Förderung von Medienerziehung im Schulbereich – bis hin zur Förderung von Ausbildungsstrukturen für Medienschaffende, die zu einer qualifizierten Produktionslandschaft und natürlich zur Stärkung der Produktionsstandorte beitragen.

> *Australien als Beispiel zukunftsorientierter Inhalte-Regulierung*
>
> In Australien ist die Australian Broadcasting Authority (ABA) für alle Medien und Medien-Inhalte zuständig; sie ist die Regulierungsbehörde für den gesamten Radio- und Fernsehmarkt und kümmert sich um Aufteilung und Zuordnung von Übertragungswegen sowie um Eigentums- und Fusionskontrolle. Neben dem Rundfunk gehören auch Online-Medien zum Kompetenzbereich der ABA.
>
> Um Qualität und Vielfalt zu gewährleisten, praktiziert die ABA ein Verfahren der „co-regulation". Für die TV-Regulierung bereits 1992 eingeführt, steht im Zentrum dieses Verfahrens die Überlegung, dass Gesetzgeber und Regulierer möglichst wenig eingreifen, dafür einen möglichst stringenten Regulierungs*rahmen* gewährleisten sollten, innerhalb dessen die Marktakteure weitgehend frei agieren können. Nach dem Communications Act müssen die Industrieverbände „Codes of Practice" ausarbeiten. Diese Selbstverpflichtungen müssen bestimmte Mindestkriterien erfüllen und werden von der ABA ratifiziert.
>
> Zuschauerbeschwerden werden von den Sendern intern geprüft. Ist der Beschwerdeführer mit der Handhabung nicht zufrieden, kann er sich an die ABA wenden. Diese prüft den Fall ebenfalls, spricht Empfehlungen aus und kann gegebenenfalls Sanktionen verhängen. Drastische Maßnahmen wurden jedoch bisher nicht ergriffen. Oberste Prinzipien sind Subsidiarität und Eigenverantwortung der Anbieter; die ABA nimmt nur eine Schiedsrichterrolle ein. Für die Broadcaster ist es interessant, mit der Behörde zu kooperieren und sich um eine wirksame Implementierung der Codes zu bemühen: So bestimmen sie selbst die Regeln, die ihre Arbeit beeinflussen; zweitens motivieren sie damit weitere Deregulierung, zum Beispiel bei Fragen von Eigentums- und Fusionskontrolle.

Seit 1999 erstreckt sich dieses Schema der Ko-Regulierung auch auf Internet-Inhalte. In diesem Zusammenhang wurden Beschwerde-Hotlines eingeführt, spezifische Codes of Practice für Internet Service Provider und Internet Content Hosts formuliert sowie ein umfangreiches Programm zur Stärkung von Medienkompetenz und zur Nutzerforschung aufgelegt. Die ABA-Lösung ist insofern bemerkenswert, als sie alle derzeit für geeignet empfundenen Instrumente zum Jugendschutz im Internet integriert (Codes, Hotlines, Filter), ohne dabei in die Nutzersouveränität einzugreifen. Zwar werden die ISPs verpflichtet, ihren Kunden geeignete Filterlösungen anzubieten – ISP oder Nutzer sind aber nicht verpflichtet, die angebotenen Filter auch tatsächlich zu installieren. Die Entscheidung über den Jugendschutz bleibt beim souveränen Nutzer. Ihm werden aber die verfügbaren Technologien bereitgestellt, sodass er seine Entscheidung möglichst gut informiert treffen kann.

Ausblick

Wer die Telekommunikationsindustrie, so wie sie sich in den vergangenen Jahren dynamisch entwickelt hat, beobachten konnte, ist zunehmend zu der Erkenntnis gekommen, dass es sich hier um eine Industrie handelt, die ein wichtiger Treiber weiterer Entwicklungen und auch stellenweise ein Katalysator oder Enabler für Transformationen ist. Beide deuten sich an, ohne dass wir wirklich wissen, wie und wie schnell sie verlaufen werden. Dass bestimmte Entwicklungen tatsächlich langsamer verlaufen sind als erwartet, ist kein Indiz dafür, dass auch zukünftige Entwicklungen langsam verlaufen werden. Dass die Industrie derzeit ein Tief durchzustehen hat, ändert an diesen Tatsachen nichts.

Zunächst einmal hat die Digitalisierung signifikante Eckpfeiler für die nunmehr gemeinsame Weiterentwicklung der Telekommunikations- und Medienindustrie gesetzt. Ohne Digitalisierung wäre die Regulierungsdiskussion in diesem Buch teilweise überflüssig, denn erst die Digitalisierung hat die Möglichkeiten anderer Dienste und neuer Wertschöpfung eröffnet, die es nahe legten, aus einer Monopolsituation zu mehr Markt zu kommen.

Neben der Konvergenz, die aus Telekommunikations- und Medienunternehmen neue Gebilde entstehen lässt, deren zukünftige Geschäftsmodelle sich abzeichnen, konvergieren auch noch andere Industrien mit der Telekommunikation. Tatsächlich steht auch die schon seit Jahren vorhergesehene, aber aus zahlreichen Gründen bis jetzt nicht eingetretene Konvergenz der IT- und Elektronikindustrie an. Sie verläuft hauptsächlich deshalb zögerlich, weil die Integration der angebotenen Telekommunikationsdienste und -technologien mit den Geschäftsprozessen der Kunden nicht leicht zu bewerkstelligen ist. Dazu kommt, dass die Innovationszyklen langsamer und in kleineren Schritten verlaufen, im Firmengeschäft wie auf der Endverbraucherseite. Auch dürfte Konvergenz nicht die erwartete Revolution werden, sondern eher eine evolutionäre Entwicklung analog den Entwicklungen, die wir bereits beobachten, z. B. zum Thema Handheld Devices in der Computerhardware- und Softwareindustrie (insbesondere Microsoft), in der Consumer-Electronics- und in der Mobiltelefonindustrie. Einige Netzbetreiber ändern deshalb ihre Strategie und beginnen damit, eigene Endgeräte zu entwickeln, um das Nutzerinterface besser zu kontrollieren und umsatzsteigernde Dienste einfacher nutzbar zu machen.

Zulieferer bilden seit jeher eine Gruppierung, der von den Unternehmen, die sie beliefern, das Leben nicht leicht gemacht wird. Das begann in den 70er Jahren in der Automobilindustrie mit dem, was man damals als „Drücken der Preise" bezeichnete und was heute mit gemeinsamer Entwicklung, ja der Übernahme ganzer Wertschöpfungsstufen durch den Zulieferer wahrscheinlich noch lange nicht endet. Ähnliche Verhältnisse bahnen sich an für die Zusammenarbeit von Netzbetreibern/Netzwerkausrüstern. Auch hier werden die Lieferanten sich darauf einstellen müssen, zunehmend und weitreichender in die Pflicht genommen zu werden. Für die Zulieferer bieten sich dadurch Möglichkeiten zur Differenzierung und Geschäftsausweitung. Die Betreiber können Kosten- und Cashvorteile realisieren. Verglichen mit der Konsolidierung der Festnetz- und Mobilfunkbetreiber verläuft die der High-tech- und Ausrüsterunternehmen schneller. Hieraus ergeben sich mittel- und langfristig weitere Möglichkeiten, aber auch Gefahren für ihr Zusammenspiel in Hinblick auf Abhängigkeit, Integrationstiefe, Dienste- und Angebotsvielfalt in einer konvergenten Kommunikationswelt. Weitere Veränderungen sind in der von der Konvergenz ebenso stark wie die Telekommunikationsindustrie betroffenen Medienindustrie zu erwarten. Die Digitalisierung des Content im traditionellen Offline- wie im nun möglichen Online-Geschäft führt zunehmend auch zur Digitalisierung der Prozesse im Unternehmen. Gleichzeitig werden die Unternehmen der Medienindustrie sicher stellen, dass Erlöse aus digitalem Content tatsächlich auch bei ihnen anfallen und nicht von Netzbetreibern und anderen Marktteilnehmern abgeschöpft werden. Das ist für die Innovationskraft des Konvergenzmarktes auch sehr gut. Nur wenn die Refinanzierung sicher erscheint, wird die Medienindustrie innovativ agieren, Content bereit stellen, zielgruppengerecht digital aufbereiten und vermarkten. Netzbetreiber werden auch in Zukunft überwiegend am Kommunikationsaufkommen verdienen.

Vor wenigen Jahren war die SMS mit dem neuesten Börsenkurs ein absolutes High-tech-Angebot, dann kamen die Börsen-Charts auf den winzigen Bildschirm des Mobiltelefons. Morgen wird man den Live-Kommentar des Börsenmaklers abrufen können oder welche Art von Information auch immer dem Kundennutzen künftiger Jahre entsprechen mag. Unternehmen, die hier Anteil an der Entwicklung haben wollen, müssen dafür sorgen, dass der klassische Marketing-Mix für ihre Angebote stimmt, vor allem das Pricing und die Produktgestaltung. Unter beiden Aspekten muss der Trend zur Vereinfachung führen, denn nur, wenn der Kunde ein Angebot wirklich versteht, wird er es bereitwillig annehmen. Hierzu gehört auch der konsequente Aufbau einer möglichst weltweiten Marke, wie es z. B. Vodafone im Mobilfunk global verfolgt.

Viele Entwicklungen deuten sich hier an, wenige sind in einem Stadium, in dem wirklich von Konvergenz gesprochen werden kann. Sicher ist, dass die gesamte Konvergenzbewegung mit Verdrängungswettbewerb und Marktkonsolidierung einhergehen wird, die ihrerseits die Chance bieten, das Standardisierungsthema auch im Sinne des Kunden weiter zu treiben und eine schnellere Durchdringung sowie eine Erweiterung des Marktes zu erreichen. War AOL als Medienunternehmen Vorreiter im Messaging, so zeigen die aktuellen Entwicklungen die Vorteile für international ausgerichtete Mobilfunkunternehmen, die auf Basis von grenzüberschreitenden Vereinbarungen (Roaming etc.) und Plattformen innovative Kommunikationsdienste anbieten.

Im Sinne der beteiligten Unternehmen, die heute aus Unsicherheit und Existenzangst die Entwicklung eher behindern als aktiv betreiben, wäre es, wenn die hier skizzierten Prozesse und die noch impliziten Probleme angegangen würden, denn jede Veränderung der Wettbewerbssituation hält neben Bedrohungen auch für viele Wettbewerber Chancen bereit, die zu nutzen bekanntlich für die First Mover immer den günstigsten Effekt haben.

Das Zögern der Marktteilnehmer ist dennoch nachvollziehbar, denn der Schritt, der für viele Unternehmen jetzt ansteht, birgt nicht nur die Chance des profitablen Wachstums, sondern gleichzeitig die Bedrohung, im Zuge des in dieser Situation anstehenden Shakeouts vom Markt zu verschwinden. Dieser Gefahr entgehen die Telekommunikationsunternehmen kurz- und mittelfristig am ehesten, wenn sie das beherzigen, was wir im Kapitel Corporate Agenda im Einzelnen aufgeführt haben.

Im Zuge von Konvergenz und Konsolidierung geht es in erster Linie darum, die Balance zwischen Wachstum und Profit zu finden. Beide Richtungen sind zu verfolgen, um am Ende tatsächlich den Unternehmenswert zu steigern. Langfristig müssen sich alle Anbieter, die dieses Ziel verfolgen und heute noch als Vollsortimenter agieren, der Herausforderung stellen, sich auf der Grundlage ihrer Kernkompetenzen zu spezialisieren und ihr Geschäft entsprechend zu fokussieren. Solange eine neue Industrie sich noch in der Aufbauphase befindet, zeigt sich häufig, dass jeder Anbieter alles im Sortiment hat. Das wird mit zunehmend ausdifferenzierter Produktpalette bei gleichzeitig wachsendem Kosten- und Konsolidierungsdruck schwieriger. Schon allein aus Corporate-Governance-Überlegungen erweist sich ein Vollsortimenter häufig als schwerfällig.

Hier bietet sich die Spezialisierung und Kooperation mit komplementären Anbietern an. Auf diese Weise sind die Unternehmen stark genug, auch weitere Konsolidierungswellen und die nächsten Konvergenzschritte zu überleben, und es eröffnen sich neue Marktchancen für diejenigen, die bisher den Vollsortimenten der Incumbents ohne Alternative gegenüberstanden. Erstrebenswert wäre in Deutschland zum Beispiel eine Nummer 2 im Festnetz mit einem Marktanteil von mehr als 20 Prozent (und etwas mehr Wettbewerb im Mobilfunk wäre auch im Sinne des Marktes zu begrüßen). Wie auch immer die Entwicklung verlaufen wird, dass es über kurz oder lang wieder zu monopolistischen Strukturen kommt, ist nicht zu befürchten, denn die kleinen innovativen Nischen-Spieler regen die Industrie mehr als alle anderen immer wieder zu weiteren Entwicklungen an.

Nimmt man an Stelle der Unternehmensperspektive die Verbraucherperspektive ein, zeigt sich die Entwicklung in einem gänzlich anderen Licht. Dem Verbraucher ist natürlich zunächst einmal die Angebotspalette wichtig, er will konsumieren, sobald er kann. Wenn also die Konjunktur wieder anspringt, müssen die Anbieter auch in der Lage sein, auf die neuen Kundenwünsche zu reagieren. Auch aus dieser Perspektive empfiehlt es sich also für Telekommunikationsanbieter, die Hausaufgaben zu machen.

Auf den ersten Blick als hochpreisig erkennbare Dienstleistungen können noch so attraktiv sein, sie werden vom Verbraucher nur sehr zögernd angenommen. Am Beispiel Mobilfunk lässt sich das deutlich machen. Nach einer Studie von A.T. Kearney sehen die Verbraucher weltweit die Möglichkeit, mit ihrem Mobiltelefon ins Internet zu gehen, als großartiges Angebot an, dessen Anziehungskraft aber in dem gleichen Verhältnis sinkt, wie der Preis für den Service steigt. Junge Anwender sehen die Möglichkeit, sich mobil in das Internet einzuwählen, zu 45 Prozent als attraktives Angebot der dritten Mobilfunkgeneration an, immerhin 34 Prozent wünschen sich die Möglichkeit, Bilder mobil verschicken zu können, 21 Prozent wären auch am Austausch von Musik oder Videos per Handy interessiert. Aber, wie schon erwähnt, das Kostenbewusstsein gerade unter den jungen Mobilfunknutzern ist gestiegen. Für mehr als ein Drittel der weltweit 6.000 Befragten in dieser Studie ist der Kostenfaktor entscheidend, 3G noch nicht zu nutzen, ein weiteres Drittel nutzt die Möglichkeiten von 3G nicht, weil sie nicht klar verstehen, welche Services im Einzelnen angeboten werden. Gefordert wird hier vielmehr die Vermarktung von Nutzen und nicht von Technologie.

Diese Haltung hat die Unternehmen denn auch zu dramatischen Preissenkungen bewogen und die Industrie in eine kritische Situation gebracht. Ohne Preissteigerungen bei gleichzeitiger Differenzierung durch Service, Qualität und Produktideen ist das notwendige Wachstum nicht zu begründen. Gleichzeitig muss die Regulierung die Barrieren in der Industrie und in den Unternehmen beiseite räumen.

Wenn die „richtige" Regulierung es schafft, den richtigen Markt zu fördern, dann müssen die Unternehmen lernen, „richtig" daran teilzunehmen.

Danksagung

Die elektronischen Kommunikationsmärkte „stehen vor der Tür" und bringen Themen mit sich, die viele interessieren, die manchmal nicht ganz leicht zu durchschauen sind und die Regulierer, Unternehmen und Gesellschaft auffordern, sich im Zuge der Konvergenz zu positionieren. Mit diesem Buch wollen wir informieren, unterschiedliche Sichtweisen ins Spiel bringen und Diskussionen anregen – und dies im gebührenden Vorlauf zur im Jahr 2003 anstehenden Novellierung des Telekommunikationsgesetzes, das u.a. dem elektronischen Kommunikationsmarkt einen Rahmen geben wird.

Das Autorenteam bedankt sich ganz besonders bei den Klienten von A.T. Kearney und den anderen Gesprächspartnern in Telekommunikationsunternehmen und Institutionen für ihre Bereitschaft, das Thema Regulierung zu diskutieren. Wie immer haben wir hier Gelegenheit gehabt, von unseren Klienten sehr viel zu lernen. Dank gebührt Dr. Sven Massengeil und Michael Hecker, die gemeinsam die grundsätzlichen Fragestellungen erarbeitet und damit das Buch auf den Weg gebracht haben. Unser Dank gilt weiterhin der Bertelsmann Stiftung, insbesondere Dr. Thomas Hart, der mit seinen Diskussionsbeiträgen in der Public Agenda dem Buch einen wichtigen weiteren Aspekt hinzugefügt hat. Wir wollen uns natürlich auch bei Thekla Voth bedanken, weil sie den roten Faden stets im Auge behalten hat und so ein fertiges Buch entstehen konnte. Bei Ralf Esser bedanken wir uns für die gründliche Recherche, bei Axel Lönnendonker für seine erfolgreiche Fehlersuche und bei den freundlichen Mitarbeitern des DTP in Berlin für die Gestaltung des endgültigen Manuskripts.

Die Autoren

Dr. Martin Sonnenschein	ist Vice President bei der Beratungsgesellschaft A.T. Kearney. Nach Jahren im Top-Management von Telekommunikationsunternehmen ist er nun Practice Leader Communications, Media & Entertainment Zentraleuropa und Mitglied des Operating Committee Zentraleuropa. Martin Sonnenschein ist Co-Autor der Gabler-Bücher „Digital Value Network" und „Ne(x)t Economy".
Arne Börnsen	ist Director Telecom bei A.T. Kearney und war zuvor als Bundestagsabgeordneter mitverantwortlich für die Privatisierung der Deutschen Bundespost sowie u.a. Vorsitzender des Ausschusses für Post und Telekommunikation. Anschließend Vize-Präsident der Bonner Regulierungsbehörde für Telekommunikation und Post.
Tilo Ferrari	Dipl.-Betriebswirt, MBA, ist Manager bei A.T. Kearney und hat sich auf die Schwerpunkte Telekommunikation und Medien spezialisiert.
Dr. Arne Dettki	MBA (INSEAD) ist Principal bei A.T. Kearney und leitendes Mitglied der zentraleuropäischen Practice Communications, Media & Entertainment.
Axel Freyberg	MBA, MOCE, ist Principal bei A.T. Kearney und leitendes Mitglied der zentraleuropäischen Practice Communications, Media & Entertainment.
Dr. Thomas Hart	ist der Autor des Beitrages der Bertelsmann Stiftung. Als Projektleiter Medienpolitik ist er dort spezialisiert auf die gesellschaftspolitischen Konsequenzen der Konvergenz. Er ist einer der Autoren der Kommunikationsordnung 2010.

MIX
Papier aus verantwortungsvollen Quellen
Paper from responsible sources
FSC® C105338

If you have any concerns about our products,
you can contact us on
ProductSafety@springernature.com

In case Publisher is established outside the EU,
the EU authorized representative is:
**Springer Nature Customer Service Center GmbH
Europaplatz 3, 69115 Heidelberg, Germany**

Printed by Libri Plureos GmbH
in Hamburg, Germany